Rosmarie Welter-Enderlin

Liebe braucht Alltag

Rosmarie Welter-Enderlin

Liebe braucht Alltag

Vom Wunsch zur Wirklichkeit

KREUZ

Inhalt

Vorwort

Familiendramen kenne ich nicht nur aus meiner psycho-
therapeutischen Praxis, sie sind in der Literatur der belieb-
teste Stoff für Romane, Erzählungen, Kurzgeschichten und
Theaterstücke. Erwähnen möchte ich hier nur einen Autor,
der mir besonders am Herzen liegt – Arthur Miller. In seinem Theaterstück »Tod eines Handlungsreisenden« beschreibt er die tief greifenden Veränderungen, die sich im
Zuge des gesellschaftlichen Modernisierungsprozesses in
den Familien vollziehen. Doch was mich als Therapeutin
insbesondere anspricht, ist, dass Miller nicht nur das psychi-
sche Elend und Desaster in den Familien aufdeckt, er entwickelt auch Ideen, wie man es möglicherweise beseitigen
kann. Der Schlüssel lautet: sich den neuen Herausforderung
mit seiner ganzen Existenz stellen. – Der Familiensohn Biff
aus dem »Handlungsreisenden« spricht aus, was jeder still-
schweigend denkt: »*Wir haben in dieser Familie nie die
Wahrheit gesagt.*« Biff, der im Familienkeller einen Gas-
schlauch findet und von seiner Mutter erfährt, dass der
arbeitslose Vater sich mit Gas umbringen will, möchte dies

verhindern: »*Niemand hängt sich hier auf. Es geht jetzt um die Wahrheit.*« Dem »verlogenen Traum« bereitet er ein Ende und trifft Entscheidungen fürs Leben und nicht für den Tod.

In einer ähnlichen Situation wie Biff befinde ich mich als Paar- und Familientherapeutin, wenn Familien und Paare in einer kritischen Lebenssituation meine private Praxis aufsuchen: Ohne den Blick in den Abgrund kommt keine Therapie aus, ohne das Wagnis der Wahrheit kann sich keine Beziehung verwandeln und erneuern. Geht man der Auseinandersetzung mit den Konflikten oder Stressoren im eigenen Lebenslauf aus dem Weg, kann sich der Blick nicht auf mögliche Ressourcen und eigene Wege der Heilung richten.

Im Umgang mit Paaren in Krisen fällt mir allerdings auf – und das stelle ich immer wieder mit großer Genugtuung fest –, wie Familienmitglieder oft trotz, oder vielleicht besser: gerade wegen widriger Umstände plötzlich fähig sind, Hürden zu überwinden, und ihre persönliche und gemeinsame Entwicklung erfährt dadurch einen Impuls, der ihnen hilft, in ihrem Beziehungsalltag mit belastenden Geschichten fruchtbar umzugehen. Diese Fähigkeit, der »Wahrheit« ins Auge zu schauen und sich selbst auf den Weg nach Lösungen zu begeben, geht in Familien oft in den alltäglichen Turbulenzen unter. Aber spätestens, wenn die Krise im gemeinsamen Leben angekommen ist, das Zusammenleben zu kollabieren droht, das ins Auge gefasste Ende schmerzt und alle nur noch leiden, dann plötzlich werden Fähigkeiten entdeckt und belebt, von deren Existenz die Familie vorher nichts geahnt hat. Mit diesen ureigenen Ressourcen kann eine Paarbeziehung oder eine Familie erneut aufblühen oder in gutem Einvernehmen und ohne zerstörerische Konsequenzen aufgelöst werden.

Dass ich so viel Interesse an menschlichen Entwicklungs-möglichkeiten und Entfaltungspotentialen habe, dass ich nach Erklärungen suche, warum Menschen in ihrer Entwicklung plötzlich stagnieren, gehört zu meinem persönlichen und beruflichen Menschenbild, das sich leicht aus meiner eigenen Herkunftsgeschichte ableiten lässt. Meine Eltern waren für uns fünf Kinder gute Vorbilder, was die Anteilnahme am Schicksal anderer Menschen und die Lebenstüchtigkeit in schwierigen Situationen angeht. Wir haben durch sie erste zuverlässige Bindungserfahrungen machen können, ihr Bezug zu uns Kindern war authentisch: Sie haben uns oft auch in ihre eigenen Abgründe blicken lassen und uns dabei nie in Watte gepackt. Als Älteste habe ich wohl die Verletzlichkeiten von Mutter und Vater am stärksten empfunden und dafür ein besonderes Sensorium entwickelt. So lässt sich vielleicht meine spätere Berufswahl erklären. Sehr früh schon habe ich beobachten gelernt, dass traumatische Lebenserfahrungen nicht zwingend zu negativen persönlichen Entwicklungen führen müssen. Trotz widriger Lebensumstände haben Menschen immer wieder die Möglichkeit, sich aus eigener Kraft zu entwickeln. Meine eigene Mutter ist zum Beispiel unter schwierigen Bedingungen groß geworden. Sie war, wie ich selber, die Älteste von fünf Kindern. Ihre Mutter war schwer alkoholabhängig und jahrelang in einer psychiatrischen Klinik untergebracht. Ihr Mann, mein Großvater, trennte sich schließlich von ihr und meine Mutter musste als Halbwüchsige für ihre vier jüngeren Geschwister selbstverständlich die Mutterrolle übernehmen. Trotz dieser schwierigen Aufgabe, oder vielleicht gerade deshalb, ist sie zu einer starken und lebensfrohen Frau geworden. Ihre heimlichen Ängste, nicht zu genügen oder nicht das Beste aus ihren vielen Talenten gemacht zu

haben, habe ich als ihre älteste Tochter eigentlich immer gespürt. Aber ihre Ängste machten mir keine Angst, weil ich sie
als authentischen Menschen erlebte. Mutters Entscheidung
für das Leben und gegen eine psychiatrische Etikettierung
wie z.B. »posttraumatische Belastungsstörungen« kannte
ich aus dem Alltag mit ihr, und ihre Haltung überzeugte
mich. Zu unserem Alltag gehörten damals neben unserer
Kernfamilie auch ehemalige Psychiatriepatienten, die bei
uns lebten und in unserem Familienbetrieb, einer Gärtnerei,
mitarbeiten durften. Durch diesen ganz gewöhnlichen Alltag
in unserer Familie förderten wir in ihnen, ohne es explizit
zu beabsichtigen, genau das Potential, das für ihre weitere
Entwicklung und Integration sorgte. Wenn sie ab und zu
»verrückt« spielten, erlebten sie einen sicheren Beziehungs-
rahmen, in den das ganze Haus samt der Nachbarschaft ein-
gebunden war.

Ich erlebte es also bereits in meinem Familienhaus, dass
Menschen niemals »hoffnungslose Fälle« sind, dass man sie
nicht aufgeben darf und dass wir alle trotz widriger Umstände gedeihen können.

Im therapeutischen Konzept, wie ich es in unserem Insti-
tut aufgrund der vielen Fälle aus der therapeutischen Praxis
entwickelt habe, vertrete ich genau dieselbe Meinung. Dabei ist mir vor allem die historisch-biographische Vorge-
hensweise wichtig. Die Betonung von Familiengeschichten
als Sinnwelten sowie der Gedanke, dass die Beteiligten
diese Welten gemeinsam konstruieren, ist das wesentliche
Merkmal meiner therapeutischen und beratenden Arbeit,
das heißt konkret: Beim Verstehen menschlichen Handelns
geht es um das Was und das Wie seiner Organisationswei-
sen, und da menschliches Handeln in Prozessen organisiert
ist, kommt man ohne die Geschichten und Hintergründe,

aus denen jedes Handeln erwächst, gar nicht aus. Erst wenn die Lebengeschichten entrollt werden, kann man auch die den Einzelnen oder das Paar bestimmenden Lebensthemen entdecken und die auftretenden Konflikte oder Probleme angehen und bewältigen.

Einen Fall in der therapeutischen Begegnung wirklich zu verstehen, ist nur möglich, wenn Therapeuten selber lernen, die wichtigsten Lebensthemen aus ihrer eigenen Biographie zu erschließen und sich zu fragen, wie sie in ihrer Arbeit und in den Krisensituationen ihres eigenen Lebens damit umgehen. Lernende sind also gut beraten, sich in der Entwicklung ihrer therapeutischen Fähigkeiten erstmals vor allem auf die eigenen Lebensthemen und die damit verbundenen affektiven Möglichkeiten zu beziehen, statt sich selbst auszuklammern und davon auszugehen, dass bei ihnen keine akuten Themen vorliegen.

Ohne den Blick auf die Lebensthemen meiner Klienten, ganz gleich ob Einzelpersonen oder Paare, wäre ich als Therapeutin arm dran. Ich arbeite deshalb gerne mit Genogrammen. Der Blick auf ein Genogramm öffnet mir die Augen für den sozialen und den gesellschaftlichen Kontext, in dem sich Menschen befinden, die zu mir kommen. Genogramme ermöglichen es mir, eine Sensibilität für das gesamte Umfeld der Betroffenen zu entwickeln. Über die von dem Einzelnen oder Paar präsentierten Probleme hinaus erschließt sich mir dadurch ihre Lebenswelt und das Verständnis für ihre Sinnstrukturen und ihre eigenen Möglichkeiten. Entdecke ich dann auf diesem Wege ihre Lebensthemen, eröffnet sich plötzlich eine Perspektive, Lösungen bieten sich an und gangbare Wege aus der Krise scheinen auf. Damit meine ich nicht Lösungen, die eine pädagogische oder verhaltenstherapeutische Absicht verfolgen und die ein Paar schließlich doch nur in seinem Tanz gefangen hält. Wenn ich zum Beispiel einem jungen Paar, das nach der Geburt unter dem Schock der Schwierigkeiten mit dem ersten Kind steht, den gut gemeinten Rat gebe, sie sollten einen Babysitter suchen und wieder miteinander ausgehen, ist dies für mich keine therapeutische Lösung. Mit so einer »Beratung« kann ich davon ausgehen, dass sich das Paar sogar beleidigt fühlt und sich infolge dessen zurückzieht: Als ob sie nicht selber auf eine solche Lösung kämen! Verhaltenskorrekturen und kleine äußere »Kosmetik« helfen einem Paar in einer kritischen Lebenssituation keinen Schritt weiter. Der Fall muss in der Tiefe verstanden werden, das störende oder unproduktive Muster, das sich hinter der Erscheinung verbirgt, muss entdeckt werden, um konstruktive Veränderungen zu bewirken. Ich kann einen Fall nur dann wirklich verstehen, wenn ich nach den Hintergründen und tief sitzenden Motiven für das an den Tag gelegte Verhalten frage. Symptome interpretiere ich dabei immer als »Vorboten« von anstehenden Entwicklungen. Auch noch so verrücktes Verhalten macht Sinn, wenn es verstanden wird! Doch dazu muss ich den Blick in den »Abgrund« – die Vergangenheit – wagen.

»Gedeihen trotz widriger Umstände«[1] ist mein großes Lebensthema – auch in diesem Buch. Selbst wenn Paare mit ihrem gemeinsamen Alltag nicht mehr zurechtkommen, sie von Zweifeln und negativen Gedanken erfüllt sind, spreche

---

1 Dieses Thema ist auf dem Züricher Kongress »Resilienz – Gedeihen trotz widriger Umstände« im Februar 2005 eingehend behandelt worden. Dort einigte man sich auch auf eine Definition des Begriffes »Resilienz«: »Unter Resilienz wird die Fähigkeit von Menschen verstanden, Krisen im Lebenszyklus unter Rückgriff auf persönliche und sozial vermittelte Ressourcen zu meistern und als Anlass für Entwicklung zu nutzen« (siehe Literaturliste im Anhang).

ich ihnen und mir als ihre Begleiterin Ausdauer und Mut zum Durchhalten zu. Es geht mir dabei nicht darum, auf Biegen und Brechen harmonische Verhältnisse und schöne Gefühle zu schaffen – nein, es kann durchaus sein, dass sich ein Paar trennen muss, aber dann nicht ohne vorher die Fähigkeit entwickelt zu haben, sich den widrigen Umständen, den Herausforderungen des Lebens, dem Abgrund, der »Wahrheit«, wie es Miller formulieren würde, zu stellen. Denn nur so kann ein Mensch den verhängnisvollen Zirkel von Wiederholungen und alten Mustern verlassen und vorankommen.

Wenn ich mich in diesem Buch mit Paaren in ihrem Alltag beschäftige, schwebt mir keine naive Sicht von gut und schön vor oder ein Idealbild von Harmonie und Verständnis, sondern ich will Lebensläufe beleuchten, die belastenden Tatsachen und Ereignisse, Brüche und Krisen aufdecken, auf die wir Antworten finden müssen.

Zur Entstehungsgeschichte dieses Buches

Eine Gruppe unseres Ausbildungsinstituts für systemische Therapie und Beratung in Meilen (Schweiz) beschloss im Jahr 2005, die Ergebnisse eines Forschungsprojekts, das wir auf eigene Kosten während rund vier Jahren durchgeführt hatten, zusammenzufassen und somit einer breiten Öffentlichkeit zugänglich zu machen.

In dieser Forschungsstudie, die unter dem Titel »Junge Paare und Familien« lief, wurden 800 Paare aus der Schweiz, Süddeutschland und dem Vorarlberg zu folgenden Themenkomplexen befragt:

- Partnerschaftsform
- Aufgabenverteilung in der Partnerschaft
- Fragen zu Beruf, Karriere und finanzieller Situation
- Partnerwahl und Partnerperspektiven
- Kommunikation zwischen den Partnern und mit anderen Menschen
- Bedeutung von Ehe und Kindern
- Zukunftsvorstellungen
- Beziehungskonstellation der Befragten

Der Begriff »junges Paar und Familie« bezog sich ausschließlich auf das Lebensalter der Befragten, nicht auf die Dauer der Paarbeziehung oder Familie. Auch war es uns egal, ob die Paare verheiratet oder unverheiratet zusammenlebten.

Anlass für diese Studie war die Erkenntnis, dass kaum bekannt ist, wie junge Paare und Familien heute leben. In den Medien wird zwar immer wieder behauptet, dass Kinder bei jungen Paaren keinen Platz mehr hätten, sie ein Luxusartikel seien, den man sich finanziell und zeitlich nicht leisten könne, dass die jungen Paare nichts als Egoisten und Karrieristen seien, und dass es zudem kaum Betreuung und Aufsichtmöglichkeiten für den Nachwuchs gebe usw. Diese Behauptungen und (Vor-)urteile wollten wir mit unserer Studie überprüfen und die wirklichen Verhältnisse aufspüren, um den Puls der jungen Paare und Familien wirklich zu spüren. Aufgrund unserer Befragung haben wir – um das schon mal vorwegzunehmen – ein ganz anderes Bild erhalten, als das, was in der öffentlichen Debatte und in den Medien suggeriert wird: Verbindlichkeit, Gemeinsamkeit, Zugehörigkeit, Beständigkeit stehen – man staune – auch bei den Paaren heute hoch im Kurs!

Bruno Hildenbrand, Professor für Soziologie in Jena/ Deutschland, Leitungsmitglied des Ausbildungsinstituts, der diese Studie begleitete, machte den Vorschlag, die Ergebnisse des Projekts in zwei Büchern zu präsentieren: einem sozialwissenschaftlichen und einem praxisbezogenen. Für das zweite schlug er mich vor, weil ich über dreißig Jahre Erfahrung mit Paaren, Familien und Paartherapie habe. Die Aufteilung der Ergebnisse in einen sozialwissenschaftlichen und einen praxisorientierten Teil schien dem ganzen Team sinnvoll.

So kommt es, dass ich im vorliegenden Buch Überlegungen zum gesellschaftlichen und politischen Wandel in der Familienstruktur und -dynamik mit der konkreten Frage, wie die jungen Paare im Alltag konkret mit diesem Wandel umgehen, verbinde. Alle Erkenntnisse und Folgerungen in diesem Buch habe ich anhand von Fallbeispielen erarbeitet, sie stammen also aus der Praxis und verdanken sich nicht irgendwelchen theoretischen Spekulationen und Mutmaßungen.

Im Spannungsfeld von Ordnung und Chaos, von vorgegebener Struktur und Improvisation findet der Alltag der meisten Paare und jungen Familien statt, die wir befragt haben. Traditionelle und moderne Vorstellungen existieren nebeneinander und bewirken »Lebensformen im Übergang«, von denen einige hier ausführlich vorgestellt und kommentiert werden.

Der Blick in das Alltagsleben von Paaren, wie er sich mir aus meiner 30-jährigen Praxis und aus der vorliegenden Forschungsstudie zeigt, macht deutlich, dass in diesem Alltag sowohl Gedeihen als auch Verderben möglich ist. Es existieren nützliche und behindernde, ja sogar schädliche Bilder von Liebe, Ehe und Elternschaft nebeneinander. In diesem

Buch werde ich die Vielfalt dieser Bilder in spezifischen Alltagssituationen darstellen. Ich hoffe, dass die zusammengetragenen Geschichten aus dem Alltag der Liebe die Leserinnen und Leser nicht entmutigen, sondern im Gegenteil: sie ermutigen, die Suche nach sinnvollen, erfüllenden Lebens- und Beziehungsmodellen niemals aufzugeben.

Familie und Paare im Wandel

Unbestritten: Wir leben heute in einer »offenen Gesellschaft« –, das heißt: »die einzig richtigen Verhältnisse« gibt es nicht, alles steht zur Disposition, alles ist verhandelbar, die Normal- wird von der Wahlbiographie abgelöst. Normen und Regeln, Werte und Orientierungen sind nicht fest vorgegeben, sondern müssen von jedem Einzelnen, jedem Paar oder jeder Familie immer wieder neu bestimmt und belebt werden. Soziologen nennen diesen Zustand die »Multioptionsgesellschaft«.[2]

Das Hauptmerkmal unserer Multioptionsgesellschaft ist mit dem Satz: »Das Paradies liegt im Diesseits« auf den Punkt gebracht. Bedeutet das ein Leben nach dem Motto »Friede, Freude, Eierkuchen«? Nein, so leicht der Satz daherzukommen scheint, so schwer lässt er sich realisieren. Er wirft uns auf die Verantwortung zurück, die wir auf Erden haben und stellt uns vor neue Herausforderungen:

---

2 Siehe Gross, Peter: *Die Multioptionsgesellschaft*, Dilemma, München 2007

- Wir müssen selber Handlungsalternativen für uns schaffen und sind für die Wahl, die wir jeden Tag aufs Neue treffen, selber verantwortlich. Was für uns zuträglich und haltbar ist, bestimmen wir allein.
- In unserer offenen Gesellschaft verändern sich die Verhältnisse permanent, und in diesem steten Wandel müssen wir lernen zu existieren. Es gibt nicht nur den einen uns vorbestimmten Lebensentwurf, sondern eher so etwas wie eine »Patchwork-Existenz«. Die Überflexibilisierung unserer Welt, vor allem der Arbeitswelt, ist ein Aspekt unserer Gesellschaft, für den es keine altbewährten Muster oder ausgetretenen Pfade gibt. Wir sind darauf nicht vorbereitet, müssen aber diese neue Gegebenheit trotzdem anpacken.
- Es gibt keine klar definierte, »monogame« Arbeit mehr. Männer und Frauen müssen heute ganze »Portofolios« an Erfahrungen und Fertigkeiten entwickeln, um ihr Leben zu meistern. Zwischen Multi-Wahlmöglichkeiten und Mini-Verpflichtungen müssen sie ihren eigenen Weg finden, zwischen »Ich« und »Wir« ihre eigene Mitte.

Flexible Menschen[3] müssen sich täglich neu orientieren und ihren »Ort in der Welt« neu finden. Er ist ihnen nicht mehr durch Tradition oder durch eine alltägliche und religiöse Sinnwelt vorgegeben. Das Leben in der Multioptionsgesellschaft bedeutet, vielerlei Möglichkeiten und wenig Vorgebenes zu haben. Die Struktur von Ehe und Familie ist ein exaktes Abbild dieser Gesellschaft mit ihrem raschen, alle Lebensbereiche betreffenden Wandel.

3 Sennett, Richard: *Der flexible Mensch*. Die Kultur des neuen Kapitalismus, Berlin Verlag, Berlin 1998

Dass es bei vielen Menschen eine Suche nach Beständigkeit und Sicherheit gibt, dass sich unterwegs manch einer auch verirrt, lässt sich zum Beispiel daran beobachten, dass sich viele Menschen Unmengen an Wissen aneignen, um sicher sein zu können, in dieser Welt zu bestehen, dass einige (und nicht wenige) in Sekten und fundamentalistische Gruppierungen abwandern, die ihnen angeblich Halt gewähren, dass die meisten Zeitgenossen fortwährend konsumieren, um sich zu beweisen, dass sie existieren (»Ich konsumiere, also bin ich!«), dass viele Menschen Mitgliedschaften in Clubs (z. B. Sportclubs) abschließen, um nicht zu vereinsamen.

Die »Multioptionsgesellschaft« ist zweifellos eine große Chance: Das Paradies liegt uns zu Füßen, wir müssen nur die richtigen Entscheidungen treffen! Wahlmöglichkeiten bieten sich zur Genüge an, wir müssen nur das Modell aussuchen, das am besten zu uns passt: Ehe mit oder ohne Trauschein, Partnerschaft mit oder ohne Kinder, Festanstellung oder Freiberuflichkeit, ein oder mehrere Arbeitsorte, freie oder verbindliche Liebe, staatliche Schule oder Privatschule usw.

Flexibilität will aber auch gelernt sein, sie fällt uns nicht in den Schoß. Demnach müssen wir ein Leben lang lernen und uns fit halten, Fähigkeiten und Fertigkeiten bis ins hohe Alter entwickeln. Doch zwischen den unzähligen Wahlmöglichkeiten und der unsicheren Zugehörigkeit zu einem Beruf oder einer Firma müssen wir als flexible Menschen ständig unsere eigene Mitte finden – und das kann mitunter anstrengend sein. Sich immer wieder neu für eine Lebensform zu entscheiden und dafür Verantwortung zu tragen, kann den Einzelnen auch überfordern. Es werden so viele Wege angeboten, aber selten ein Wegweiser! Das ist nicht einfach und manch ein Zeitgenosse verliert dabei die Orientierung.

Wer heute wählt, wählt unbegangene Pfade, und mit den neuen, attraktiv anmutenden Pfaden auch das ganze Paket an unbekannten Risiken und Nebenwirkungen. Doch vor allem junge Menschen nehmen die Ungewissheit gern in Kauf, denn das Leben, das ihre Eltern gelebt haben, wollen sie keineswegs nachahmen. Sie wollen andere Wege ausprobieren. Doch da sie noch keine Vorstellung von dem neuen eigenen Modell haben, geraten viele Paare in eine Situation, die sie völlig überfordert und die sie in dieser Form gar nicht gewollt haben. Es fehlen ihnen die Erfahrungswerte, die Fähigkeiten und Fertigkeiten, um ihre Wahl wirklich zu leben, um darüber zu kommunizieren und die Vor- und Nachteile abzuwägen. Es fehlt schlichtweg die Kompetenz, die müssen sich junge Paare erst erwerben, um im Nachhinein nicht überfordert dazustehen: »*So wie meine Eltern wollten wir nie leben, aber wir haben uns unseren Weg dann doch anders vorgestellt.*« Und schon greift das alte Muster, das man ursprünglich loswerden wollte, nach einem. Eh man sich dessen bewusst wird, landet man in traditionellen Rollen.

Unter dem Neuen steckt das Alte – ein Beispiel aus der Praxis

Das Paar B., Claudia und Hannes, kommt mit dem Problem zu mir, dass beide sich große Mühe geben, ein modernes Beziehungsmodell zu leben, aber dass es ihnen nicht richtig gelingen will. Beide sind bald 30 Jahre alt und haben einen achtjährigen Sohn und eine sechsjährige Tochter. Die beiden Kinder waren heiß ersehnt, aber der Alltag mit ihnen ist nicht ganz einfach. In der ersten Stunde mit diesem Paar wird deutlich, dass sie sich miteinander große Mühe geben, den Übergang vom Paar zur Familie gut zu meistern, aber dass sie immer wieder in Verhaltensmuster rutschen, die ihnen Schwierigkeiten bereiten.

Während Claudia, in Tränen aufgelöst, erzählt, dass sie Angst hat, den Balanceakt zwischen Familie und Beruf nicht zu schaffen, es ihr nicht gelingt, die beiden Welten unter einen Hut zu bringen, unterdrückt Hannes, ihr Mann, ein Gähnen.

Es wird im Gespräch deutlich, dass das junge Paar bei allem guten Willen in den Beziehungsmustern seiner Eltern feststeckt. Obwohl Claudia während einiger Jahre eine gut bezahlte Stelle als Organisationsberaterin hatte und jetzt freiberuflich auf dem gleichen Gebiet tätig ist – vorläufig ohne großen finanziellen Erfolg –, ist sie für die Kinder und den Haushalt allein zuständig. Ihr Mann behauptet, er sei schließlich derjenige, der die Familie mit seiner Arbeit finanziell über Wasser hält. Wieso er keine Möglichkeit sieht, Claudia mit einer gewissen Unterstützung seinerseits beizustehen, damit sie im Beruf auch erfolgreich sein kann, bleibt offen. Die Auseinandersetzung beider Partner um dieses Thema ist intensiv, und ich weiß zurzeit noch nicht, ob die beiden einen gemeinsamen Nenner finden werden. Aber ich hoffe es!

Frauen arbeiten in dem Lebensmodell, wie ich es gerade beim Paar B aufgezeigt habe, im Durchschnitt einen Monat im Jahr mehr als ihre Männer, selbst wenn sie in Teilzeit berufstätig sind[4]. Dass sich diese »unfertige Revolution« im Verhältnis der Geschlechter negativ auf eine Paarbeziehung auswirken kann, erlebe ich als Paartherapeutin tagtäglich.

---

4 Hochschild, Arlie und Machung Anne, *Der 48-Stunden-Tag. Wege aus dem Dilemma berufstätiger Eltern.* Zsolnay, Wien 1990

Die unfertige Revolution
im Verhältnis der Geschlechter

Paare erleben – ob sie es wollen oder nicht – eine Neuorientierung im Verhältnis von Frau und Mann. Die Bildungschancen für Frauen gleichen sich mehr und mehr jenen der Männer an, aber an bedeutenden Posten in der Wirtschaft und an den Universitäten kommen Frauen nur als »Spurenelemente« vor. Max Frisch nannte den Aufbruch der Frauen die wichtigste Revolution der letzten hundert Jahre. Doch ist diese Revolution noch lange nicht beendet.

»Männer kommen vom Mars, Frauen von der Venus« (John Gray) – ein Buch, das zum Bestseller wurde. Eines der konservativsten amerikanischen Bücher bezüglich der Geschlechterrollen, ein Buch, das Frauen auf ihren alten Platz verweist und sogenannte natürliche Unterschiede herbeizieht, um sie ein weiteres Mal zu zementieren, steht hoch oben auf der Bestsellerliste, nicht nur in Amerika, auch in Europa samt der Schweiz. Plötzlich fühlen sich junge Frauen bestätigt in der Annahme, dass berufliche Erfüllung eher dem Mann zusteht. Sie rutschen lieber wieder in hergebrachte Rollen und geben den Kampf und die Suche nach neuen Beziehungs-, Berufs- und Familienmodellen auf. Doch gerade diese unfertige Revolution von Mann und Frau ist der Stoff, aus dem viele Konflikte gemacht sind und der den Alltag von Paaren erheblich belastet – das ist meine langjährige Erfahrung als Paar- und Familientherapeutin, aber auch als systemische Beraterin in Organisationen.

Der legitime Anspruch von Frauen auf ein eigenes Leben, besonders wenn Kinder da sind, ist nicht leicht zu verwirklichen. Bei allem guten Willen, nicht zuletzt seitens der Männer, bleibt den meisten Paaren nur das Muster der Kleinfamilie mit getrennten Welten. Der Mann als Hauptverdiener gilt draußen viel und drinnen wenig, die Frau, zuständig für Kinder und Haus, gilt drinnen viel und draußen wenig. »Seine Ehe ist nicht ihre Ehe«, heißt die allzu bekannte Konsequenz, die sich aus diesem Muster ableiten lässt. Die Zufriedenheit mit dem Eheleben ist darum auch bei Männern größer als bei Frauen, wie die Fragebögen zeigen, die ich Paaren in der ersten und der letzten Therapiestunde zum Ausfüllen gebe. Frauen leiden, vor allem in der Lebensmitte, sehr viel häufiger an psychosomatischen Symptomen als Männer, sobald ihnen klar wird, dass ihre Arbeit für die Familie wenig honoriert wird. Aber es gibt Lichtblicke! Auf sie gehe ich bei den Einzelfall-Geschichten ein.

Zusammengehörigkeit in der Familie

Die Statistiken in allen westlichen Ländern sprechen eine deutliche Sprache: Die Scheidungsrate nimmt rasant zu! Und seit Beginn des 20. Jahrhunderts wurden mehr Scheidungen von Frauen als von Männern eingereicht. Was ist los? Wo bleibt die »starke Familie« oder »das starke Paar«?

Die alten Orientierungsmuster scheinen sich aufzulösen, was bewirkt, dass das »ganz gewöhnliche Chaos der Liebe«, so Familienforscher Ulrich Beck, ausbricht: Statt eines eindeutigen Modells gibt es vielfältige Lebensmodelle, statt Treue zum »Erbe« und zur Tradition, welche Mann und Frau vielleicht aus ihren Herkunftsfamilien mitnehmen, ist heute Treue zu sich selbst sowie die Entwicklung eines eigenen Lebensentwurfes angesagt. Und trotzdem existiert nach wie vor die Sehnsucht nach Beständigkeit und Zugehörigkeit. Die Spannung zwischen Ich und Wir, zwischen Individualität und Gemeinschaft ist Teil jeder modernen Beziehung, das werden wir auch in den in diesem Buch ausführlich dargelegten acht Fallbeispielen zum Alltag von jungen Paaren erfahren.

Obwohl die Scheidungsrate seit den 60er Jahren des letzten Jahrhunderts stetig ansteigt, sind Ehe und Familie eindeutig kein Auslaufmodell. Eine Paarbeziehung – mit oder ohne Trauschein–, das Zusammenleben als Familie, scheint gerade in der modernen Gesellschaft die Form zu sein, die Geborgenheit und Zusammengehörigkeit verspricht. Umfragen zeigen, dass auch junge Menschen in einer dauerhaften Partnerschaft mit Kindern leben möchten, und dass dafür eine gute Arbeit und ein eigenes Heim wichtige Wunschziele sind. Auch ganz junge Menschen suchen Geborgenheit und Beständigkeit. Sie glauben an die Liebe und an die Treue, selbst wenn die Ehe ihrer eigenen Eltern schwierig war und auch sie die hohen Scheidungsraten kennen.

Demnach zeigt sich, dass die Sehnsucht nach Liebe und Zugehörigkeit, die über Jahrhunderte Paare zusammenführte, so lebendig ist wie eh und je. Das ist auch nicht verwunderlich, sind wir doch von Natur aus auf mitmenschliche Bindung programmiert. Wir können Eigenständigkeit besser entwickeln, wenn wir gute »Wurzeln« haben. Schon als Säuglinge, lange bevor wir reden können, reagieren wir auf Bindungsangebote: Wir freuen uns über ein Lächeln, sind überglücklich, wenn wir zärtlich gehalten oder getröstet werden. Dieses Bedürfnis haben wir auch in den späteren Lebensphasen, es schwindet nicht, nur verfügen wir als Erwachsene über andere Ausdruckweisen, wie beispielsweise Sprache und Arbeit.

Warum ist es heute trotzdem so schwierig für Frauen und Männer, zusammenzubleiben, »bis dass der Tod uns scheidet«? Liegt ein Grund für die Schwierigkeit vielleicht gerade darin, dass Liebe und Ehe einen so hohen Stellenwert haben, dass Überforderungen und Enttäuschungen unvermeidlich sind?

Meine Praxis sowie neuere Umfragen zeigen tatsächlich, dass Paare nicht deshalb scheitern, weil sie so wenig von Liebe und Familie halten, sondern weil ihnen so viel daran liegt, und weil sie so viele Dinge unter einen Hut bringen wollen: Liebe, Familie, Partnerschaft, beruflichen Erfolg, Vernetzung mit der Herkunftsfamilie und mit Freunden.

Die Sehnsucht nach Zugehörigkeit und Liebe lässt sich nicht ohne Anstrengung auf den Alltag eines Paares übertragen: Rasante Veränderungen in der Welt draußen, aber auch Umbrüche in der inneren Welt des Paares, z. B. die Krisen in den Übergangszeiten, fordern zu Auseinandersetzungen heraus, für die viele jüngere Paare keine gültigen Modelle haben.

Krisen in Übergangszeiten

In jeder Gesellschaft, aber auch in jeder einzelnen Biographie, gibt es Übergänge, die gemeistert werden müssen. Auch im alltäglichen Lebenszyklus eines Paares oder einer Familien gibt es Übergänge, teils sind es recht kritische und schwierige Phasen, in welchen die Weichen neu gestellt werden müssen. Nicht selten sind sie mit Stress verbunden.

Typische Phasen, die ein Paar durchläuft, sind: Von der jungen Liebe zum Zusammenziehen, über die Heirat oder ein anderes Ritual, zur Frage »Kinder ja oder nein« und zur Familiengründung, anschließend folgen die Phasen mit Klein- und Schulkindern, dann die der Lebensmitte bis hin zum Alter.

Vor allem zwei der aufgelisteten Übergänge scheinen es in sich zu haben und Lebenssituationen hervorzurufen, die viele Probleme aufwerfen und Paare in die Scheidung treiben: Es ist die Zeit nach der Geburt von einem oder mehreren Kindern und die Zeit zwischen 45 und 55, die sogenannte Lebensmitte. Und dann kann noch eine besonders kritische Phase auftreten, wenn ein Paar einen starken Kinderwunsch hat, dieser aber nicht in Erfüllung geht – ein Übergang, der ein Wechselbad von Gefühlen mit sich bringt, aus dem Paare mit einer veränderten Einstellung hervorgehen, einige schaffen es zusammenzubleiben, andere wiederum müssen sich trennen. Im Folgenden werde ich über diese Übergangszeiten anhand von Beispielen aus meiner therapeutischen Praxis ausführlich berichten. Übergangszeiten sind genau jene Zeiten, in denen die meisten Paare in meine Praxis kommen und Beratung suchen.

Die Zeit nach der Geburt von mehreren Kindern

Anne und Heinz, beide Mitte 30, haben sich an ihrem Arbeitsplatz in einer internationalen Bank kennengelernt. Heinz ruft in meiner Praxis an (wie überhaupt etwa 60 % der Anmeldungen in meiner Praxis von Männern kommen) und beschreibt kurz sein Problem: Er schläft nicht mehr und fürchtet, dass Anne ihn verlassen will. Sie hält ihn auf Distanz, will keinen Sex mehr mit ihm und redet am Telefon stundenlang mit ihren Freundinnen. Auch ist sie neulich mit einem geschiedenen Kollegen von ihm ausgegangen; und obwohl er damit einverstanden war, haben bei ihm alle Alarmglocken geklingelt.

Anne erzählt, dass sie sich im Einfamilienhaus auf dem Land, das Heinz von seinen Eltern übernommen hat, wie im Gefängnis fühlt. Zwar hat sie die beiden Kinder, den neunjährigen Jungen und das sechsjährige Mädchen, gewollt und ist auch gerne ein paar Jahre Vollzeit-Mama gewesen und daheim geblieben. Aber von Anfang hatten sie und ihr Mann zusammen geplant, dass Anne mit einer Teilzeitarbeit wieder einsteigen werde, sobald die Kleine im Kindergarten ist.

Heinz sollte sich dann mehr um die Familie kümmern. Im Gefühl von Verliebtheit hatten sie das miteinander vereinbart, und Anne hat sich auf die neue Lebensphase gefreut. Inzwischen hat aber Heinz einen beruflichen Aufstieg gemacht, er ist oft im Ausland, und sobald er nach Hause kommt, surft er im Internet oder geht zum Sport. Ab und zu spielt er mit den Kindern, aber sonst ist Heinz der »möblierte Herr«, der zwar für den Familienunterhalt sorgt, sich sonst aber um wenig kümmert. Als sich Anne kürzlich als Hostess bei einer Messe meldete, hat er ein »Riesentheater« gemacht – dabei hatte ihre Mutter die Aufsicht über die Kinder übernommen.

Beide Partner stimmen darin überein, dass sie es wunderbar hatten, auch sexuell, als beide noch voll berufstätig waren. Nun meint Heinz, seine Frau bräuchte wohl eine Sextherapie, denn seit der Geburt der Kinder habe sie kein Interesse mehr an ihm. Anne stimmt mit dem Satz zu: *»Wenn bei Dir dann alles erledigt ist: Arbeit, Sport und die Börsenberichte im Internet, könntest Du mich und meinen Körper zur Entspannung gut brauchen. Aber mit mir hat das nichts zu tun. Also musst du dich nicht wundern, wenn ich die Nase voll habe – ich bin nicht dein Teddybär.«*

Welches sind die typischen Themen dieser Übergangsphase, wie sie sich bei Anne und Heinz zeigen?

- Ohne es zu wollen, sind die beiden in eine Rollenverteilung gerutscht, die dem traditionellen bürgerlichen Ideal entspricht. Das passt gut zu den Erwartungen der Arbeitswelt: Die Frau soll dem Mann den Rücken frei halten, damit er im Beruf flexibel agieren kann. Frauen mit kleinen Kindern machen dieses Modell vorerst mit, weil eine

Doppelkarriere den meisten zu anstrengend ist. Aber es gibt Ausnahmen: Meiner Erfahrung nach vereinbaren Frauen, die eine sehr gute Ausbildung haben und sich zusätzlich guter Gesundheit erfreuen, mit ihren Männern schon vor der Geburt des ersten Kindes eine paritätische Lebensform. Auch überzeugte, liebevolle Mütter haben Sehnsucht nach einem eigenen Leben, ganz besonders, wenn sie daran denken, dass die Kinder nach der Pubertät, wenn sie selbstständig und erwachsen sind, die mütterliche Unterstützung nicht mehr brauchen. Es empfiehlt sich also, einen Fuß im Berufsleben zu haben. Weil aber nach dem bürgerlichen Modell noch immer Frauen auf Bezogenheit und Männer auf Autonomie trainiert werden, stellen die meisten Frauen den Anspruch, beides verbinden zu wollen: Bindung und Autonomie, was aber für viele Männer – auch für Heinz aus unserem Fallbeispiel – eine Bedrohung darstellt. Eine Zeit lang ziehen sich die Frauen dann zwar gern zurück, aber irgendwann, oft schon nach kurzer Zeit, explodiert das Ventil. Anne ist dafür ein gutes Beispiel: Sie ist aus Überzeugung Mutter geworden, trotzdem beharrt sie auf ihrer Autonomie und will sich mit einem »Teddybär«-Dasein keineswegs arrangieren.

- Während Paare in der Zeit der Verliebtheit sich häufig zurückziehen von Familie und Freunden, wird nach der Geburt von Kindern beides wieder sehr wichtig – bei unserem Paar ist es Anne, die wieder mit ihren Freundinnen sowie mit anderen Männern in Kontakt tritt.
- Konflikte mit den beiden Herkunftsfamilien, die nie gelöst wurden, drängen nun ins Zentrum. Die Auseinandersetzung mit dem »Chor hinter den Kulissen« (mit der Herkunftsfamilie) wäre im Grunde schon bei der Hoch-

zeit fällig, aber spätestens, wenn Kinder da sind, kommen die unterdrückten Themen auf den Tisch. Noch mal steht die Frage: »Wessen Tradition gewinnt, wessen unterliegt – ihre oder seine?« im Vordergrund. Es geht dabei im besten Fall um eine Art zweite Ablösung beider Partner. Das Verhältnis zu den Eltern, die vielleicht jetzt Großeltern sind, muss neu verhandelt werden. Aber oft schweigt der Mann hier als »guter Sohn«, während die Frau sich mit ihren Eltern und den Schwiegereltern abmüht – in unserem Fallbeispiel ist es auch die Frau, Anne, die zum Ausdruck bringt, dass sie sich in seinem Familienhaus auf dem Land eingeengt fühlt; sie scheint ihre Kinder lieber ihrer Mutter zur Aufsicht überlassen zu wollen, nicht den Schwiegereltern. – Wenn das Paar sich nicht gemeinsam neu definiert, es die Eltern zwar nicht ausgrenzt, sie aber auch nicht nur aus einem reinen Pflichtgefühl einbindet, wird diese Phase unglaublich belastet sein. Schade ist das letztlich für die Enkelkinder, denen dabei das Zusammengehörigkeitsgefühl mit den Großeltern verloren geht.

Liebe braucht Alltag!

Wenn der Alltag in die Liebe einzieht, müssen Paare lernen, ihre Wünsche zu formulieren und über die tägliche Verteilung von Rechten und Pflichten zu verhandeln. Wichtig ist, dass bei kritischen Übergängen immer wieder Zukunftsszenarien entworfen werden. Sonst friert die Weiterentwicklung ein. Es braucht dafür eine Art von verbindlichem Provisorium statt zementierter vorbestimmter Annahmen. Paare müssen heute etwas völlig Neues lernen: bewegten Beziehungen, die auf dem Gefühl von Liebe beruhen, eine alltägliche Verbindlichkeit entgegenzusetzen. Das ist schwer, weil viele von uns keine Vorbilder dafür haben und nicht gelernt haben, Konflikte anzusprechen, bevor sie eskalieren – genau diese Situation hat sich auch bei Anne und Heinz eingestellt. Kein Wunder, wenn Paare in dieser Phase »Kommunikation und Intimität« als Hauptprobleme nennen, wenn sie eine Therapie oder Beratung in Anspruch nehmen. Wenige haben gelernt, ohne Angst zu sagen, was sie brauchen, und dann darüber zu verhandeln.

Anne und Heinz haben sich diesen Themen gestellt und neue Entwürfe für eine dauerhafte Partnerschaft gemacht. Sie haben erfahren, dass Gegenseitigkeit nie von einer Seite allein dominiert werden darf, sonst ist es keine »Gegenseitigkeit« mehr. Beide müssen die Bereitschaft signalisieren, ihrer Beziehung zuliebe ihre Verhaltensweisen, Einstellungen und Ansichten zu revidieren und zu verändern. Das Ergebnis einer Paarberatung gilt deshalb dem Paar und nicht dem Einzelnen, und darum fällt es auch meistens anders aus als das, was jeder Einzelne ursprünglich für sich selbst mit der Beratung bezweckt hat.

Aus zwei werden drei
Ein weiteres Beispiel einer Übergangskrise:

Frau A. ist enttäuscht, dass die Eltern ihres Mannes sich vehement von der jungen Familie distanzieren (s.u.), obwohl sie andererseits finanziell zu deren Unterstützung beitragen. Auch Herr R., ihr Mann, findet dieses Thema schwierig. Es gibt Hinweise darauf, dass die Distanzierung seiner Eltern mit einer gewissen Vorwurfshaltung gegenüber seiner Frau zu tun haben. Der nicht offen geäußerte Vorwurf bezieht sich darauf, dass die junge Frau ihrer Berufslaufbahn zu viel

Wert beimesse, während ein Familienvater, laut Auffassung seiner Eltern, »selbstverständlich« jede freie Minute zum Aufbau seiner Karriere einsetzen müsse. Selbst wenn »Schwiegerkinder« es mühsam finden, in der Paarberatung über solch heiklen Themen zu reden, ist es mir als Beraterin wichtig, dass sie auf den Tisch kommen. Dass etwas so Selbstverständliches wie der Beruf oder das Kinderhaben überhaupt problematisiert wird, ist sowohl für Paare in der Beratung als auch für Professionelle manchmal schwer verständlich.

Der Widerspruch zwischen Partnerschaft und Elternschaft, wie er sich in dieser Übergangsphase präsentiert, wenn nämlich aus zwei Liebenden mit der Geburt eines Kindes plötzlich ein Dreieck wird, lädt meist zu affektiver Solidarisierung mit dem Kind ein. Nicht selten »verschwimmt« das Elternpaar dann in der Elternrolle bzw. in der Familie. Die damit einhergehende Spaltung in eine weibliche Innenwelt und eine männliche Außenwelt zeigt sich dabei manchmal in einer zunehmenden Distanzierung zwischen Frau und Mann. Das »frohe Ereignis« wird dann zu einem kritischen Ereignis. Ist es »gotteslästerlich«, das »frohe Ereignis« als Krise darzustellen? Wieso kann man nicht einfach nur dankbar für die Elternschaft sein? Das fragen sich schuldbewusst viele junge Paare.

Das Thema dieser Übergangskrise vom Paar zur Familie ist von Sozialwissenschaftlern ausführlich beschrieben worden. Der gemeinsame Nenner, auf den sie alle unisono kommen, ist: Solche Übergänge können nicht unproblematisch sein, denn sie fordern immer einen neuen Blick auf die eigene Biographie, d.h. auch auf die eigenen Wurzeln.

Viele Frauen wollen heute selbstverständlich Beruf und Familie miteinander verbinden. Aber vieles bleibt, trotz der neuen Einstellung, unverändert, wenn eine Frau sich nach wie vor über die tradierte bürgerliche Rolle versteht und sich dann als Berufsfrau und als Mutter definiert. Oft ist sie dem Leitbild ihrer eigenen Mutter näher, als sie annimmt. Der Schock, dass ein Kleinkind so viel von ihr braucht, kann sehr leicht zu einer Dauer-Irritation führen. Hier wären eine gute Auseinandersetzung mit weiblichen Lebensthemen sowie der Entwurf einer eigenen Lebensplanung sinnvoller als Klagen über die Ansprüche des Kindes, die oft von dessen Vater und der Verwandtschaft, aber auch von der jungen Mutter selbst kommen. Es hilft jungen Frauen in dieser Übergangssituation, wenn sie sich ganz bewusst der Frage stellen, ob sie in die Fußstapfen ihrer Mutter treten oder einen eigenen Lebensplan entwickeln wollen, in den auch der Mann bzw. der Vater ihres Kindes mit einbezogen ist.

Als Beraterin unterstütze ich Paare in dieser Übergangskrise sehr gern und mache ihnen Mut, neue Familienbilder zu entwickeln, die ihre Sehnsucht nach Gemeinschaft zwar erfüllen, aber nicht auf Kosten ihrer Existenz als Individuum gehen.

Die Anforderungen von Paarbeziehung und Elternschaft sind ihrer Natur nach widersprüchlich – das muss ein Paar deutlich erkennen. Während das Eintauchen in die Elternschaft anfänglich für alle Beteiligten und nicht zuletzt natürlich in besonderem Maße für das Kind wünschenswert ist, müssen Mann und Frau sich möglichst bald wieder auch als Paar verstehen und damit auch dem Kind die Chance auf eine eigene Sphäre einräumen. Kinder, die keinen eigenen Raum und keine Geheimnisse haben dürfen, haben es in ihrer weiteren Entwicklung sehr schwer. Wichtig ist, dass schon Säuglinge erleben, dass sie *mehrere* zuverlässige Bindungspersonen haben, die eigene Beziehungsangebote machen. Kinder brauchen vielfältige Beziehungsangebote, die über die Kleinfamilie hinausgehen. Und Kinder brauchen Gemeinschaft genauso wie ein eigenes Leben. Kinder sind nicht Privatsache und »gehören« nicht Mutter oder Vater. Wenn die Mutter eines 18-Jährigen »wir« sagt, damit aber ihren Sohn meint, werde ich immer stutzig.

Schon Säuglinge und Kleinkinder brauchen beides: Gemeinschaft *und* Individualität. Die Säuglings- und Kleinkinderforschung unterstützt diese Tendenz: Auch in Bezug auf die Kinder ist die Balance zwischen Gemeinschaftlichem und Individuellem unerlässlich. Der sogenannte Babyschock, wie Soziologen die Erfahrung von Eltern bezeichnen, die sich scheinbar fraglos auf einen Säugling einstellen und sich dabei als Erwachsene total verlieren, tut allen drei Menschen in ihrer jeweiligen Entwicklung nicht gut! Deshalb müssen Paare die erwähnten widersprüchlichen Anforderungen an Paarbeziehung und Elternschaft ernst nehmen. Wo das nicht geschieht, wird entweder die Kindheit »verwaltet«, wozu sich der Mütterlichkeitsmythos in unserer Gesellschaft hervorragend eignet, oder die Paarbeziehung geht in der Konzentration auf das Kind völlig unter. Das rächt sich früher oder später, wenn das Kind gegen diese Vereinnahmung rebelliert und sich von der elterlichen Umklammerung radikal abnabelt.

Das gängige Muster der überfürsorglich bindenden Mutter wird am einfachsten durchbrochen, wenn es gelingt, eine größere Gruppe von Menschen einzubeziehen, die sich die Verantwortung für das Kind teilt. Dazu gehört in erster Linie der Vater! Natürlich können auch Professionelle diese Aufgabe leisten, und es müssen nicht immer die Großeltern oder Verwandte einspringen. Das ist einer der Gründe, warum ich mich dafür so sehr einsetze, dass Kleinkinder gute

Krippenerfahrungen machen können. Leider kommt es noch immer viel zu oft vor, dass Eltern, die die Möglichkeiten einer Krippe nutzen, mit dem Stigma »Individualist/ Egoist« versehen werden – wie es zum Beispiel die Schwiegereltern in Bezug auf Frau A. (s. u.) tun. Alle mir bekannten Forschungsergebnisse verweisen jedoch darauf, dass die Erweiterung der kindlichen Lebenswelt über die übliche Kleinfamilie hinaus von Nutzen für die geistige und emotionale Entwicklung des Kindes und seiner Welt ist.[5]

Wenn Paare vergeblich auf Nachwuchs hoffen

Wie tief die Annahmen bei jüngeren Paaren gehen, dass ihre Liebe eigentlich erst anerkannt ist, wenn sie Eltern werden, zeigt das folgende Beispiel.

Regula und Anton suchen mich auf, weil ihre Ehe bis jetzt kinderlos geblieben ist. Sie sind beide 43 und seit acht Jahren verheiratet. Regula ist von Beruf Lehrerin und Anton ist evangelischer Pfarrer. Sie sind beide in Süddeutschland aufgewachsen und haben sich bei einer Veranstaltung in ihrer gemeinsamen Kirchengemeinde kennengelernt.

---

5 Zum Thema Erweiterung der kindlichen Lebenswelt siehe:
Ciompi, L.: *Die emotionalen Grundlagen des Denkens.* Entwurf einer fraktalen Affektlogik. Vandenhoeck & Ruprecht, Göttingen 1997
Largo, R.: *Kinderjahre.* Die Individualität des Kindes als erzieherische Herausforderung. Piper, München 2007
Fivaz-Depeursinge, E. S. 120/124, *Wann und wie das familiale Dreieck entsteht*: Vier Perspektiven affektiver Kommunikation, in: Welter-Enderlin, R. u. B. Hildenbrand: *Gefühle und Systeme.* Carl-Auer, Heidelberg 1998

Anton ist in England als Einzelkind aufgewachsen, sein Vater ist früh verstorben, mit seiner allein lebenden Mutter, die sich über ein Enkelkind sehr freuen würde, fühlt er sich sehr verbunden. Regula ist die Jüngste von fünf Kindern, die alle verheiratet sind und Kinder haben. Ihre Mutter ist eine echte Glucke, sodass sich Regula ihre Mutter wunderbar als Großmutter vorstellen kann. Ihr Vater, ein Schreiner in Rente, ist im Umgang mit seinen Enkeln ein herzlicher, engagierter Großvater. Er kann es überhaupt nicht verstehen, warum seine Tochter und ihr Mann sich mit dem Nachwuchs – »der natürlichsten Sache der Welt« – so schwer tun.

Die ersten Sitzungen mit Anton und Regula drehen sich um die Frage, was sie mit ihrer Beziehung und ihrem Leben anfangen, falls sie kinderlos bleiben sollten. Es fehlt ihnen dabei nicht an Ideen, aber die Traurigkeit über ihre Kinderlosigkeit sitzt tief, das ist nicht zu übersehen. Die beiden tun alles, damit sich ihr Kinderwunsch dennoch erfüllt. Sie erwägen auch ernsthaft die Frage, ob, wie und wo sie ein Kind adoptieren wollen und scheuen vor keiner Anstrengung zurück. In den Weihnachtsferien besuchen sie ein Waisenhaus in Thailand und hoffen auf das Wunder der Begegnung mit einem Kind, zu dem sie beide passen und das zu ihnen passt. Bei allem guten Willen und allem liebevollen Bemühen ergibt sich leider keine gute Begegnung, und die beiden kehren deprimiert von ihrer Reise zurück. Ihre Traurigkeit macht auch mir zu schaffen. Eine Lösung scheint fern zu sein. Je mehr ich mich auf das Paar und ihr Anliegen einlasse, desto ausgewegloser scheint mir ihre Situation. Bis ich merke, dass ich genau so bedrückt bin wie die beiden, und ihnen damit keine Möglichkeiten aufzeigen kann, die über das Nein/Ja ihrer momentanen Situation hinausführen.

Schritt um Schritt gelingt es uns aber schließlich, aus dieser bedrückenden Stimmung herauszufinden, und allmählich fängt das Paar an, sich konkret ein Leben ohne Kinder auszumalen. Über viele Umwege sagen sie zum Schluss: »*Ja, wir können ein Leben ohne Kinder führen!*«

Die beiden entwickeln nun in unseren Beratungssitzungen Entwürfe für ihre Situation als kinderloses Paar. Wichtig ist dabei, dass sie sich von den hergebrachten Vorstellungen, wonach die Erfüllung der Liebe in der Geburt von Kindern bestehe, gänzlich lösen und ihre Identität als Mann und Frau entwickeln und festigen sowie ihr Dasein als Paar stärken.

Paare in der Lebensmitte

Das ist die andere große Gruppe, die Paarberatung beansprucht. Dabei fällt auf, dass alle offenen Themen, die in der Phase nach der Heirat und der Phase mit kleinen Kindern nicht gelöst wurden, häufig in der Lebensmitte »explodieren«. Es sind vor allem Frauen, die ihre Flügel ausbreiten und nicht mehr als »brave Mamis« ihren Mann versorgen wollen. Die Männer haben in ihrer Lebensmitte meist den Höhepunkt ihrer Berufslaufbahn hinter sich gebracht und wollen einen kuscheligen, gemütlichen Lebensabend mit ihren Ehefrauen genießen. Doch stehen dann plötzlich viele Frauen nicht mehr zur Verfügung, und nicht selten bedeutet dies den Zusammenbruch der Männerwelt mit ihren schönen Vorstellungen. Die Frauen entdecken die Welt für sich neu und wünschen sogar die Scheidung. Schuldgefühle können zwar viele Frauen daran hindern, die mutigen Pläne bis zum Ende zu verfolgen – z.B. wenn die alten Eltern pflegebedürftig werden, der Mann krank ist oder es einem ihrer erwachsenen Kinder nicht gut geht. Aber der Preis für das Ausharren geht zu Lasten ihrer Gesundheit. Es nützt dem Mann herzlich wenig, wenn eine Frau voller Verachtung und zähneknirschend weiter alle versorgt und sich selber im Stich lässt.

Ein Beispiel aus der Praxis:
Georg, Maschinentechniker, und Marika, Lehrerin, kommen kurz vor ihrem 50. Geburtstag in der Beratung. Sie sind gleich alt und seit 24 Jahren verheiratet, als gute Katholiken, die bei der kirchlichen Trauung das Gelöbnis abgelegt haben: »bis dass der Tod uns scheidet«. Die Stimmung zwischen den beiden ist äußerst angespannt. Marika ist bereit, die gemeinsame Wohnung zu verlassen, sie hat bereits eine kleine Wohnung für sich allein gemietet. Seinerzeit ist sie mit Georg für drei Jahre aus dem Norden in den Süden Deutschlands gezogen, doch das Versprechen, das er ihr gegeben hatte, hielt er nicht. Seine Karriere war ihm wichtiger als die Liebe. Sie blieb bei ihm der beiden Kinder wegen, die sind inzwischen erwachsen. Marika hat alles Eigene geopfert: Beruf, Freunde, Heimat. Nun kann sie nicht mehr. Sie leidet an Bluthochdruck und seelischen Verstimmungen. Sie hat sich seit einiger Zeit mit feministischer katholischer Theologie befasst und sagt, dass sie nun mit gutem Gewissen ihren eigenen Weg gehen kann.

Georg, der inzwischen völlig unerwartet die Stelle verloren hat, die seinerzeit der Anlass für den Umzug war, ist verzweifelt. Er wird das Familienleben vermissen, vor allem die schönen Bräuche und Gewohnheiten, die Marika eingeführt hat, meint er mit Tränen in den Augen, während sie ihn anschreit, dass sie als Person in seiner Gefühlswelt gar nicht vorkomme, er habe jetzt bloß Mitleid mit sich selber. Das sei für sie aber nicht genug, um weiter auf die Zähne zu beißen und auszuharren bis zum Tod, erklärt sie weiter.

Ich gebe den beiden in der Beratung viel Zeit, einander ihre unterschiedlichen Erfahrungen zu erzählen, und stärke nicht nur die Frau, sondern auch den Mann, nun endlich ihre eigenen Lebensentwürfe zu entfalten. Jetzt, da der berufliche Erfolg für Georg zweitrangig geworden ist, können auch für ihn neue Perspektiven auftauchen – er kann sich anderen Lebensweisen leichter öffnen.

Wenn Männer in der Lebensmitte von ihren Frauen verlassen werden, wenn also niemand mehr für sie sorgt, vernachlässigen sie sich oft dermaßen, dass sie sehr bald krank und pflegebedürftig werden. Es ist nicht von ungefähr, dass in dieser Situation – Scheidung in der Lebensmitte – weit mehr Männer als Frauen von Krankheit und früher Sterblichkeit betroffen sind.

Marika und Georg schaffen es immerhin mit meiner Unterstützung, einander vor ihren erwachsenen Kindern und Freunden in einem kleinen Abschiedsritual für das zu danken, was jeder vom anderen bekommen hat, und damit ihre Zugehörigkeit über so viele Jahre anzuerkennen. Ihre Stimmung wird von Mal zu Mal weicher. Dennoch ist die Trennung für beide schwierig. Auch wenn sie als Paar gescheitert sind, bleibt ihre Bindung zu Kindern und Freunden erhalten, und ich kann es mir gut vorstellen, dass die Paarbindung durch ihre Trennung verstärkt wird und das Gefühl ihrer Zusammengehörigkeit wieder Platz bekommt.

Trennung als Voraussetzung von Zugehörigkeit – wie geht das, ist das nicht ein Widerspruch in sich?

Die Themen von Marika und Georg sind dieselben, wie ich sie bei vielen anderen jungen Paaren erlebe: Es handelt sich um die Spannung zwischen Autonomie und Zusammengehörigkeit. Aber die alten »offenen Rechnungen« lassen sich jetzt schlechter begleichen als in einer früheren Lebensphase. Statt weiterhin in einer Dauerspannung zu leben, scheint es mir menschlicher zu sein, das Paar bei der anstehenden Entflechtung voneinander zu unterstützen. Die Trennung eines Paares in der Lebensmitte belastet mich weit weniger als jene von jungen Paaren mit Kindern. Bei Letzteren versuche ich, einen langen Atem zu bewahren, um sie vor der Flucht in eine rasche Scheidung zu schützen. Wenn sie dann eine Art gemeinsame *Scheidungsreife* erreicht haben, bin ich gerne bereit, als Mediatorin ihren Weg zu begleiten. Wichtig ist mir, wie bei Marika und Georg, dass sie dafür eine würdige Form finden, bei der nicht alles kurz und klein geschlagen wird, was sie einmal als Liebe empfanden. Das ist ein Vorgehen, das vor allem der Zusammengehörigkeit mit den Kindern zugute kommt. Denn ich erlebe sehr oft, wie selbst 50-Jährige noch mit Tränen in den Augen von den Verlusten einer frühen Scheidung ihrer Eltern erzählen. Demzufolge tue ich alles, um zu ermöglichen, dass ihre Bindung neben all den anstehenden Aufbrüchen in eine neue Lebensphase trotzdem bewahrt bleibt und einen Rahmen findet.

Manchmal kann eine zeitlich begrenzte Trennung mit professioneller Begleitung beiden Partnern die Möglichkeit geben, Entwicklungen nachzuholen, die sie in einer früheren Phase verpasst haben. Zugehörigkeit setzt zwei eigenständige Menschen voraus, nicht Kletten, die sich wie Ertrinkende aneinander klammern! Wer einen eigenen Boden unter den Füßen hat, der nicht gleich einbricht, wenn der andere sich vorübergehend abwendet oder sich in jemand anderen verliebt, hat gute Chancen für einen Neuanfang. Wohingegen eine Außenbeziehung – sei das nun eine Geliebte oder ein Geliebter, die Arbeit, eine Sucht oder eine Sekte oder auch nur ein Hobby – als chronische »Ausweichstrategie« gegen zu viel Nähe und Verbindlichkeit dient, ist eine Trennung oft der gesündere Weg. Zugehörigkeit muss dann in der eigenen Person und in der eigenen Welt gesucht werden. Keine einfache Lösung, aber eine gute Möglichkeit, um Zugehörigkeit über eine Trennung hinweg aufrechtzuerhalten!

Frauen, Männer
und Erwerbstätigkeit

Ich erlebe es immer wieder: Wenn zwei ungleichwertige Systeme, Organisation und Familie, um die begrenzten Ressourcen eines Menschen kämpfen, gewinnt selbstverständlich das stärkere. Damit lädt sich ein Spannungsfeld auf. Der Erfolg in einen System bedeutet mehr Misserfolg im anderen. Das ist der Stoff, aus dem die meisten Paar- und Familienkonflikte gemacht sind, bloß ist er ein Tabu-Thema, dem gesellschaftlich und politisch noch viel zu wenig Aufmerksamkeit gewidmet wird. Wenn das so bleibt, können Politiker und Wirtschaftsführer zwar die hohe Scheidungsrate beklagen, aber solange alles halbwegs gut »funktioniert«, können sie das private Leben als periphere Notwendigkeit ausgrenzen. Negative Einflüsse durch die Familie auf die Arbeitswelt werden höchstens bei berufstätigen Müttern bemerkt. Männer verschleiern ehelichen und familienbedingten Stress eher, indem sie am Arbeitsplatz in die innere Emigration gehen, nicht selten mittels Tabletten oder Alkohol. Fehlzeiten am Arbeitsplatz wegen eines kranken Kindes sind weniger ihre Sache. Das heißt allerdings nicht, dass Familienstress die Arbeit von Männern nicht trotzdem negativ beeinflusst, jedoch weniger offensichtlich. Dort, wo das »Funktionieren« der Mitarbeiter wichtiger ist als ihr Lernen in und mit der Organisation, mag das angehen. Die Frage ist nur: Welches Unternehmen sich eine solche Situation überhaupt auf Dauer leisten kann? Und was für einen Preis zahlt es für die innere Emigration seiner Mitarbeiter?

Es wäre also vermehrt zu untersuchen, in welcher Weise Produktivität und Innovation am Arbeitsplatz verknüpft sind mit der Qualität einer flexiblen Balance zwischen Arbeit und Familie. Organisationen folgen einer anderen Logik als Familien. Sie bewegen sich in der Definition von Rollen. Eine Paar- und Familienbeziehung geht aber weit über diese instrumentelle Relation hinaus. Mir geht es hier um die Frage, in welcher Weise die beschriebene Asymmetrie zwischen den beiden Welten mit der »Kolonialisierung« von Familien durch Organisationsnormen Konflikte erzeugt und dabei sowohl individuelle als auch unternehmerische Entwicklung behindert. Wenn nämlich beim »Tanz zwischen Bindung und Autonomie« die Werte von Gefühl und Beziehung der Familie (also den Frauen) zugeordnet werden, und jene von Autonomie und Individualität dem Unternehmen (also den Männern), leben beide Teile nur ein halbes Leben. Wir können diese Art von Gespaltenheit auch ohne weiteres als Teilinvalidität bezeichnen. »Emotionale Intelligenz« wirkt in diesem Zusammenhang bloß wie ein leeres Schlagwort.

Folgerungen:
a) Das beschriebene Ungleichgewicht korrigiert sich nicht von selbst. Ohne individuelle und gemeinsame Visionen, wie Arbeitszeit und Arbeitsqualität selbst gesteuert statt

selbstausbeuterisch organisiert werden können, kommen wir angesichts der neuen Ängste um den Verlust von Arbeitsplätzen nicht aus und werden nur Rückschritte in Unternehmen *und* Familien verzeichnen.

b) Es muss also durch weit mehr Studien als bisher belegt werden, dass eine produktive Synergie zwischen Arbeitsqualität, Arbeitszeit und Familie möglich ist und sich sowohl für das Unternehmen als auch für Mitarbeiterinnen und Mitarbeiter und deren Familien lohnt. Das heißt, dass wir vermehrt durch Projekte (auch betriebswirtschaftliche) nachweisen müssen, wie Leistung und Gestaltungskraft von Kadern durch individualisierte Arbeitszeitmodelle erhöht werden. Die kürzlich publizierten Ergebnisse einer Befragung von Angehörigen dreier Kaderstufen im Rahmen des Nachwuchsförderprogramms des Schweizer Migros-Genossenschafts-Bundes mit über 70 000 Angestellten ergeben eindeutig, dass die Einführung von flexiblen Arbeitszeitmodellen als wesentliche Voraussetzung für die Chancengleichheit von Männern und Frauen gewünscht wird. Die Bereitschaft jüngerer Kader, sich für neue Lebens- und Arbeitsformen zu engagieren und damit ihren Leistungsauftrag optimal zu erfüllen, finde ich ermutigend. Ich stelle allerdings fest, dass die Kluft zwischen Taten und Worten auf der Seite von Unternehmen zurzeit eher größer wird.

c) Im privaten Rahmen ermutige ich Paare zur Selbstorganisation. Ich fordere sie auf, ihre Prioritäten bezüglich Liebe und Arbeit spätestens vor der Geburt des ersten Kindes miteinander zu verhandeln und ihre Lebens- und Berufslaufbahn mit dem Arbeitgeber zu diskutieren, statt ihren »Beziehungsschlitten« zu überladen und die Verantwortung für diesen Balanceakt dann allein zu tragen. Mit dem Grundsatz, dass zwar die sogenannten realen Bedingungen und äußeren Umstände etwas aus uns machen, dass wir aber auch selber etwas aus ihnen machen können und nicht einfach nur Opfer sind, ermutige ich Paare in Krisen, Zukunftsszenarien für die Gestaltung ihrer Lebens- und Arbeitsformen zu entwerfen und sich gegenseitig eine sichere emotionale Basis zu bieten, um ein Leben zwischen vielfältigen Versuchen und unausweichlichen Irrtümern gut zu bewältigen.

Mein Kollege Fritz Simon, der im Auftrag der Deutschen Bank Ressourcen und Stressoren in Familienunternehmen untersucht, hat Recht, wenn er behauptet: »*Die Kunst des systemischen Managements besteht darin, den scheinbar unüberwindlichen Konflikt zwischen Sicherheit und Unabhängigkeit in einer Weise zu lösen, dass aus dem Entweder-Oder ein Sowohl-als-Auch wird. Mir erscheint die Familie bzw. der Familienbetrieb als ein gutes Modell der Aufhebung dieses Konfliktes.*«[6] Das heißt: Die Arbeitswelt muss nicht zwingend mit dem Verlust von persönlicher Sicherheit und Beständigkeit verbunden sein. Wenn Arbeitnehmer den Bruch mit Althergebrachtem wagen und zu selbstständigen Unternehmern innerhalb einer Firma werden, wird die Grenze zwischen Arbeitgebern und Arbeitnehmern fließend sein. Aus eigener Erfahrung empfinde ich das als einen großen Vorteil für die neue Arbeitswelt, der es mit sich bringt, dass die persönliche, existenzielle Verbundenheit, wie sie in der Familie besteht, auch in der Arbeitswelt die Grundlage

---

6 Fritz B. Simon: *Die Familie des Familienunternehmens*: Ein System zwischen Gefühl und Geschäft, Carl Auer Verlag, Heidelberg 2004.

für hohe Einsatzbereitschaft und Verantwortlichkeit bildet. Dabei öffnet sich anstelle kurzfristiger Belohnung ein weiter Horizont von Handlungsfreiräumen, von Verantwortung und Anerkennung.

Es gibt jedoch die Spaltung von Liebe, Familie und Arbeit anstelle ihrer Verbindung noch immer, und es liegt an jedem von uns, kleine Schritte in Richtung Wandel zu machen.

Junge Paare und Familien heute

In diesem Kapitel widme ich mich einigen kritischen Lebensereignissen aus dem Alltag junger Paare und Familien. Ich lege acht Fallbeispiele und Paargespräche ausführlich dar und versehe sie jeweils mit einer zusammenfassenden Kommentierung, die der Frage nachgeht, wie die Zukunftschancen des jeweiligen Paares zu bewerten sind. »Biegen oder brechen?« ist jeweils die Frage. Damit ist gemeint, dass in den vorliegenden Paargeschichten immer beide Möglichkeiten sichtbar gemacht werden: Entweder es gelingt den Betroffenen, sich wie ein Baum im Sturm zu biegen, ohne dabei zu zerbrechen, oder es erfolgt bei aller Anstrengung und Bemühung ein Bruch. Kommt es zu einem Bruch, heißt es, ihn zu heilen und seine Folgen ins weitere Leben zu integrieren. Ohne Veränderungen im Alltag der betroffenen Paare geht es so oder so nicht. Mit Hilfe ihrer Lebensgeschichten werden Wege aufgezeigt, wie Paare mit einem solchen Bruch weiter leben können, oder wie sie ihren Alltag aus eigener Initiative oder mit Beraterinnen und Beratern oder anderen Fachleuten neu ausrichten können.

Zunächst folgt ein Gesamtüberblick über die Themen, die bei den acht nachstehenden Fallbeispielen im Einzelnen behandelt werden. Wie einleitend erwähnt, kommen die befragten Paare und Familien unserer Forschungsstudie aus Baden-Württemberg, der Schweiz und dem Vorarlberg; insgesamt waren es 800 Interviews.

Partnerschaftsform

Eine Mehrheit der Befragten in allen drei Gebieten ist verheiratet, wobei sich unter den Schweizer Befragten deutlich weniger Verheiratete finden als in Baden-Württemberg oder Vorarlberg. Keinen nennenswerten Unterschied gibt es hingegen bei der Anzahl der Geschiedenen.

Die Bedeutung des *Hochzeitsrituals* ist unter den Verheirateten hoch: Nahezu alle Verheirateten gaben an, ein Hochzeitsfest gefeiert zu haben. Die meisten Partnerschaften bestehen seit mindestens fünf Jahren. In der Schweiz fällt dabei auf, dass der Anteil der erst seit kurzem bestehenden Beziehungen (unter 2 Jahre) deutlich höher ist als in Baden-Württemberg oder Vorarlberg. Doch ändert dies nichts daran, dass insgesamt ein Eindruck hoher Kontinuität bei den Partnerschaften entsteht.

Eher traditionell ist auch die Altersdifferenz zwischen den Partnern. Der Mann ist nach wie vor der ältere Lebensgefährte in den Partnerschaften. Kinderlosigkeit besteht überproportional unter den Befragten, wenn ein Partner mehr als drei Jahre jünger ist. Mehr als die Hälfte der Befragten hat leibliche Kinder, die aus der aktuellen Partnerschaft hervorgegangen sind. Knapp die Hälfte der Befragten hat keine gemeinsamen Kinder. Die Bewertung dieser Daten muss auf jeden Fall berücksichtigen, dass immerhin knapp 10 % der

Befragten schon aus früheren Beziehungen Kinder mit in die Partnerschaft gebracht haben.

Partnerschaft als Ort emotionaler Stabilität

Beständigkeit ist für jüngere Befragte unter 25 Jahren wichtiger (86 %) als für Befragte über 30 Jahre (70 %). Der Eindruck, dass es eher die traditionellen und »konservativen« Werte sind, die in den Partnerschaften wichtig sind, setzt sich fort, wenn man die Antworten auf die Frage betrachtet, was den Befragten anfangs an ihren jeweiligen Partnern gefallen hat. Das Gefühl, geliebt zu werden, ist auf Platz 1 der Rangliste zu finden. Auch der Umgang mit Kindern ist hoch angesehen! »Körperliche Aktivität« (äußere Erscheinung, erotische Ausstrahlung), »emotionale Stabilität« (Probleme lösen, Fehler verzeihen, Gefühl geben, geliebt zu werden) und »Umgänglichkeit« (nicht rauchen, gut mit Kindern umgehen, berufliche Leistungen) sind allerdings auch wichtig. Zu Beginn der Partnerschaft dominierten bei vielen die Wünsche nach emotionaler Geborgenheit und Stabilität. Zudem war die Partnerwahl offenbar weniger ein Hinweis auf mangelnde oder einmalige Gelegenheiten, auch kein Produkt einer Zwangslage, sondern vielmehr das Ergebnis einer bewussten und freien Wahl, die auch ein gewisses Wagnis darstellte. Insgesamt zeigt sich hier ein recht überhöhtes und am Anfang des 21. Jahrhunderts vielleicht auch überraschend heiles Bild von der Partnerschaft zwischen Mann und Frau.

Eine große Bedeutung wird der *Treue* beigemessen, sie wird von knapp 70 % der Befragten als Bedingung für das Fortbestehen einer Partnerschaft formuliert. Je jünger die Befragten dabei sind, desto unbedingter fordern sie Treue ein. Interessant ist, dass Befragte ohne Kinder stärker auf Treue setzen (76 %) als Befragte mit Kindern (68), da erstere ihre Beziehung wohl als gefährdeter wahrnehmen. Dem steht nicht entgegen, dass knapp 35 % der Befragten schon einmal oder öfters daran gedacht haben, sich von ihrem Partner zu trennen.

Zu einer *befriedigenden Sexualität* gehören für die meisten Befragten zwei Aspekte: zum einen *Hin- und Zuwendung* zum Partner, die aus einer unbedingten Treue und dem Eingehen auf seine individuellen Wünsche bestehen, zum anderen die Betonung körperlicher Attraktivität. Dabei rangiert Ersteres deutlich vor Letzterem.

Die besondere Bedeutung der Treue in der Partnerschaft wird auch aus Folgendem ersichtlich: »Normal« ist für die meisten Paare, dass man trotz der sinkenden sexuellen Aktivität beieinander bleibt. Dieser Ansicht sind – das kommt nicht überraschend – im besonderen Maße verheiratete Befragte (70 %), weniger die Ledigen oder Geschiedenen. Dementsprechend ist auch weniger als die Hälfte der Befragten der Ansicht, dass ein einmaliger Seitensprung des Partners ein Trennungsgrund sei. Hier stimmen deutlich mehr Männer (49 %) als Frauen (40 %) der Aussage zu. Jüngere Befragte unter 25 Jahren lehnen jedoch diese Aussage vehement ab (65 %).

Auch wenn Kinder nicht der Grund dafür sind, auf »Gedeihen und Verderben« beieinander zu bleiben, so ist ihre Geburt auf jeden Fall ein einschneidendes Ereignis für jede Partnerschaft. Die weit überwiegende Mehrheit der Befragten berichtet, ihre Beziehung habe sich seit der Geburt eines Kindes vertieft. Dies berichten Frauen wie Männer gleichermaßen häufig. Problematischer ist der sogenannte »Babyschock« offenbar für die Sexualität in der Partnerschaft. Vor allem Männer, insbesondere junge Männer, berichten, sexuell nach der Geburt von Kindern zu kurz zu kommen (25 %).

Die heutigen jungen Paare sind sehr viel positiver, gleichzeitig aber auch pragmatischer zu Kindern eingestellt. Kinder kommen am besten nach vollendeter Berufsausbildung, nicht einfach »en passant«. Die jungen Paare von heute bekommen spät Kinder, weil sie offensichtlich mit anderen Lebensplanungen beschäftigt und nach eigener Meinung damit noch nicht fertig sind. Kinder sind heute in den meisten Paarbeziehungen eingeplant, aber sie sollen zum richtigen Zeitpunkt kommen. Sie werden nicht »verhindert«, sondern nur »verzögert«.

Die Geschlechtsrollenorientierung junger Paare

Unabhängig von der Existenz gemeinsamer Kinder lässt sich anhand unserer Daten die Beobachtung untermauern, dass auch in der heutigen Zweierbeziehung sehr viel *Traditionelles* im Bereich des alltäglichen Zusammenlebens fortbesteht.

Frappierend und für die Stimmigkeit der Daten sprechend ist die Tatsache, dass die Fremd- und Selbsteinschätzung darüber, was wer tut, zwischen den Geschlechtern weitgehend übereinstimmt.

Bei den schulpflichtigen Kindern berichten Männer sehr viel häufiger als Frauen davon, dass sie nun gemeinsam mit ihren Partnerinnen die genannten Aufgaben übernehmen. Männer sehen sich in der Selbstwahrnehmung weitaus stärker als »Entscheider«, als ihre Partnerinnen dies tun.

Partnerschaft und Beruf

Gradmesser für die Geschlechtsrollenorientierung ist auch die Einstellung zu Fragen von Beruf und Karriere. Aufgrund unserer Daten spiegelt sich der schon erwähnte *zwiespältige Charakter moderner Partnerschaften* auch in diesen eher »ferneren« Bezügen wider. Es ist stimmig, wenn sich keine Mehrheit der Befragten dafür ausspricht, dass ein Mann auf seinen Job verzichten sollte, falls die Frau alleine für den Unterhalt der Familie aufkommen kann. Diese Meinung vertreten übrigens weitaus mehr Männer (42 %) als Frauen (29 %). Dem widerspricht nicht, dass sich eine große Mehrheit der Befragten dazu bekennt, dass Mann und Frau gleichermaßen zum Haushaltseinkommen beitragen sollten. Nach Meinung der Befragten sollte jeder selber entscheiden, ob er/sie Karriere macht oder nicht.

Kommunikation in der Partnerschaft

Nach Aussage unserer Befragten erscheint die *Kommunikation* in der Partnerschaft von einer nahezu vollständigen und wechselseitigen *Offenheit* gekennzeichnet zu sein. Fast alle Befragten berichten, selber alles erzählen zu können, was ihnen wichtig sei, und räumen ein, dass dies auch der Partner bzw. die Partnerin tun könne. Inwieweit diese Aussagen die tatsächliche oder aber nur die gewünschte Situation widerspiegeln, ist auf der Basis der vorhandenen Daten allerdings nicht zu klären. Besonders häufig haben Frauen den Eindruck, keine Beiträge zu gelingender, befriedigender Kommunikation leisten zu können. Sie fühlen sich missverstanden oder zu »redselig«. Ein interessanter interkultureller Unterschied tritt bei der Frage nach der »Veröffentlichung«

eines Streits auf. Die Schweizer Befragten berichten, dass sie kein Problem haben, jemandem von einem Familienstreit zu erzählen, auch halten sie die Kinder nicht unbedingt immer fern davon. Sie scheinen also den Streit als wichtigen Bestandteil ihrer Paarbeziehung anzuerkennen.

Kommunikation im Freundeskreis

Ein letzter Aspekt betrifft die *Pflege von Freundschaften* in einer bestehenden Partnerschaft. Am wichtigsten ist den Befragten dabei die Pflege des eigenen Freundeskreises neben und in Ergänzung zur Paarbeziehung. Die entscheidenden Aktivitäten, den gemeinsamen Freundeskreis zu pflegen, gehen dabei wiederum von den Frauen aus, die stärker am »Wir« der Beziehung interessiert sind (34 %) als ihre männlichen Partner (16 %).

Die Beziehungen zur Herkunftsfamilie und zu den Schwiegereltern

Immerhin berichtet gut ein Drittel der Befragten, dass sich die Eltern mehr Kontakt zu der jungen Familie wünschen. Wie gut die Beziehungen zwischen den Generationen allgemein sind, erhellt die Tatsache, dass nur knapp 5 % von einem Abbruch der Beziehungen zu den eigenen Eltern berichten.

Paarbeziehungen lösen in der Regel die Herkunftsfamilie als Bezugspunkt ab. Die Bedeutung der eigenen Eltern geht für das neue Paar zurück, und es treten neue Beziehungen auf den Plan. Auf die Frage, inwieweit die neue Paarbeziehung sich von dem Einfluss der Herkunftsfamilie losmachen kann, oder wie weit die Kontakte zur Ursprungsfamilie noch reichen, antworten die meisten Befragten (über 80 %), dass sich die Eltern »generell« aus der Partnerschaft heraushalten. Dieser erstaunlich hohe Prozentsatz könnte sich daraus erklären, dass der Begriff »generell« eben gerade die »speziellen« Fälle nicht mit einschließt, die den eigentlichen Kern der Beziehungen ausmachen. Denn immerhin berichtet gut ein Drittel der Befragten aus den drei Ländern, dass sich die Eltern mehr Kontakt zu den jungen Familien wünschen, diesen aber ganz offensichtlich nicht gewährt bekommen.

Die aktive Rolle der Eltern bei der Unterstützung der Paarbeziehung markiert einen deutlichen Unterschied zwischen den Befragten aus der Schweiz, Deutschland und Österreich. Die Schweizer Befragten berichten wesentlich seltener von einer direkten finanziellen Unterstützung durch die eigenen Eltern (31 %), wohingegen in Deutschland (48 %) in nahezu jeder zweiten Partnerschaft ein finanzieller elterlicher Einfluss wirksam wird.

Ein ganz ähnliches Bild, wenngleich mit etwas niedrigeren Werten, ergibt sich, wenn man nach den Beziehungen zu den *Schwiegereltern* fragt. Auch hier wird berichtet, dass diese sich überwiegend aus den Angelegenheiten des jungen Paares heraushalten, gleichwohl aber, wie die eigenen Eltern, finanziell in die Partnerschaft hineinwirken. Somit werden jedem dritten »Schwiegerkind« solche Zuwendungen zuteil.

Die Frage der Finanzierung des jungen Paares durch Eltern stellt sich mit einer besonderen Eindringlichkeit zumeist am Übergang von der Herkunftsfamilie zu der eigenen: bei der *Hochzeit*. Dazu wurde den Befragten die Frage gestellt, wer denn – ganz oder überwiegend – das ausgerichtete Hochzeitsfest bezahlt habe. Da wir uns im mitteleuropäischen und nicht im südeuropäischen Kulturkreis bewegen, wo diese ehrenvolle Aufgabe meistens dem Vater der Braut zufällt, sind die Antworten entsprechend vielfältig.

Ähnlich wie schon bei der »laufenden« Finanzierung durch die Eltern beschrieben, zeichnen sich die Schweizer Befragten dadurch aus, dass sie ihr Hochzeitsfest weitaus häufiger als die deutschen Nachbarn selber bezahlt haben (Schweiz 61%, Deutschland 46%, Vorarlberg 31%). Die verschiedenen Modelle, bei denen die Eltern oder Schwiegereltern als Financiers auftreten, sind dabei in Süddeutschland, aber vor allem im Vorarlberg deutlich in der Mehrheit. Dritte Financiers sind dagegen eher die Ausnahme. In der Schweiz ist offenbar bereits die Hochzeit der erste Akt des selbstständigen Übergangs in die neuen Partnerschaftsverhältnisse, während in Deutschland die Hochzeit eine von den Eltern hoch eingestufte Gelegenheit zur Fortsetzung etablierter Unterstützungs- und Einflussmuster darstellt.

Von ähnlicher Tragweite ist der »Klassiker« der Familienfeier, *der Heilige Abend.* Hierbei gilt, dass die jungen Paare erkennbar an der Tradition festhalten, den Heiligen Abend feierlich zu begehen. Die vielen Antworten zeigen auch hier, dass es eine recht gleichmäßige Verteilung auf ein soziales Arrangement zwischen den Generationen gibt. Der Heilige Abend ist offensichtlich ein Anlass fein austarierter Gesten und Rückkoppelungen, den es für die meisten Paare zu bewahren gilt. So feiert in allen drei Ländern nur ein Fünftel bis ein Viertel der befragten Paare den Heiligen Abend für sich allein. Mit dem eigenen Lebensalter und der Anwesenheit von Kindern nimmt dies erkennbar zu. Nur 10% der Ledigen feiern für sich, aber 28% der Verheirateten. Gemeinsam, als Paar, feiert ungefähr ein Drittel der Befragten, wogegen die nicht Paar orientierte Version, das heißt, jeder

der Partner feiert für sich bei den Eltern, erkennbar zurück-
tritt. Ein weiteres Drittel trifft die schon angesprochenen fei-
nen Kompromisse und handelt von Jahr zu Jahr entweder
kalkuliert oder unkalkuliert alternierend im Sinne einer ver-
teilten Gerechtigkeit, um den »Frieden« zu bewahren.

Zufriedenheit der Schwiegereltern mit der Partnerwahl

Nur eine Minderheit der Befragten hat den Eindruck, dass
die Schwiegereltern (oder die kommenden Schwiegereltern) mit der Partnerwahl ihres Kindes nicht einverstanden
sind und es deshalb zu Spannungen kommt. Neun von zehn
Befragten sind vielmehr der Ansicht oder wissen, dass die
Schwiegereltern mit der Partnerwahl zufrieden sind. Dies
sagen interessanterweise auch die »Schwiegertöchter« in
unserer Stichprobe (85 %), sodass man zumindest aus dieser
Perspektive kaum von den »klassischen Problemen« zwischen den Generationen sprechen kann. Es bleibt allerdings
im Dunkeln, inwieweit dies eine eher erwünschte denn fak-
tische Situationsbeschreibung ist.

Deutlich kritischer werden die Töne, wenn gefragt wird,
ob denn die Familie des Partners für die Befragten selbst ein
Gewinn sei oder nicht. 77 % der Schweizer Befragten, 69 %
der Baden-Württemberger und 76 % der Vorarlberger betrachten die Familie des Partners als *Zugewinn*. Ein knappes
Siebtel lehnt sie ab.

Fallbeispiele

Paar A. und R.

THEMA: Familiengeschichtlich bedingte Unterschiede verstehen und respektieren

Frau A., 36 Jahre, stammt aus einer katholischen Familie und hat einen zwei Jahre älteren Bruder, der Gymnasiallehrer ist. Die beiden sind in einem Dorf in der Nähe von Zürich aufgewachsen. Frau A. arbeitet als Assistenzärztin für innere Medizin, ist seit fünf Jahren mit einem Berufskollegen verheiratet und hat zwei Jungen, der eine ist dreieinhalb, der andere zweieinhalb. Die Kinder gehen jede Woche fünf Tage in eine Krippe in der Nähe ihres Wohnortes. Frau A.'s Eltern sind geschieden; seit der Scheidung hat der Vater wenig Kontakt zu seiner Tochter und deren Familie. Die junge Familie hat eine Wohnung im Stadtzentrum von Zürich bezogen.

Herr R. ist 40 Jahre alt und stammt aus einer jüdischen Familie. Als Kinderarzt in Ausbildung (Chirurgie) und Assistent mit Vollzeitpensum ist er zur Zeit an einer Kinderklinik

in G. tätig und muss jeden Tag die Bahnreise Zürich – G.,
hin und zurück, in Kauf nehmen, das sind insgesamt zwei
Fahrstunden. Herr R. ist der Älteste von vier Geschwistern.
Seine Mutter war niemals berufstätig aber sozial immer sehr
engagiert. Für sie ist der häufige Kontakt zu Kindern und
Enkeln wichtig, was die Schwiegertochter aber eher belastet: Sie empfindet, die Schwiegermutter dringe zu sehr in
ihre Familie ein. Herr R.'s Vater war Gymnasiallehrer; da er
seit einem Jahr pensioniert ist, bietet er seine Hilfe gern der
jungen Familie an. Die Schwiegertochter Frau A. schätzt
seine Hilfsbereitschaft und findet seinen Bezug zu ihren
beiden Söhnen sehr entlastend, was einmal mehr zeigt, wie
wichtig es ist, dass sich Großeltern in jungen Familien ein-
bringen.

Familiengeschichte des Mannes: Herr R.'s Eltern stammen beide aus jüdischen/polnischen Familien. Obwohl sie
nicht in die Synagoge gehen, ist jüdisches Leben und jüdi-
sche Geschichte sowohl für sie als auch für ihre erwachsenen Kinder von großer Bedeutung. Während des Dritten
Reiches wurden in Polen Mitglieder beider Familien (u. a.
Herr R.'s Großmutter und Großvater) von Nazis umge-
bracht. Herr R.'s Eltern gelang die Flucht über Israel in die
Schweiz. Ein schwerer schwarzer Schatten lastet seither auf
ihnen, von dem Frau A. nur wenig weiß.

Familiengeschichte der Frau: Frau A.'s Mutter stammt aus
einem Bergtal im romanischen Teil von Graubünden. Ihre
Mutter war Kindergärtnerin und wohnte mit ihrer Familie
im Bergschulhaus über einem Dorf am Zürichsee. Frau A.'s
Vater, als Grafiker in der Werbung tätig, ließ sich nach seinem »coming out« als Homosexueller scheiden und zog mit
seinem Freund zusammen. Seine Frau blieb mit den Kindern, die sich zu dem Zeitpunkt in der Pubertät befanden, in

der Familienwohnung zurück. Die Jugendlichen besuchten das Gymnasium und pendelten jeden Tag in die Stadt. Später zog Frau A.'s Mutter mit ihrem neuen Freund, der Lehrer an einer Freischule war, zusammen.

Problempräsentation von A. und R.

Seit Herr R. als Assistenzarzt in der Chirurgie arbeitet, liegt die Last für Familie und Haushalt vor allem auf Frau A.'s Schultern. Sie arbeitet nach wie vor 75 % als Assistentin für innere Medizin in der Kinderklinik, während ihr Mann 100 % abwesend ist. Ihre beiden Kinder sind zwar fünf Tage die Woche in der Krippe, aber Frau A. ist zuständig dafür, sie in die Krippe zu bringen und dort wieder abzuholen. An einem Tag in der Woche kommt entweder Frau A.'s Mutter oder deren Lebensgefährte und passt auf die Kinder auf. Wenn alle gesund sind, verläuft alles recht gut, aber Krankheiten bringen den ausgewogenen Programmablauf immer wieder in Schieflage. Was das Paar am meisten vermisst, ist Zeit füreinander und Zeit für sich selbst. Darunter leidet ihre Beziehung sehr. Sexualität ist seit Monaten kaum vorhanden.

Zu seinem bevorstehenden 40. Geburtstag äußert Herr R. den Wunsch, mit seiner Frau für eine Woche nach Israel reisen zu wollen. Israel ist sein Geburtsland, viele gute Freunde seiner Familie leben dort. Er möchte die Reise nutzen, um seine Beziehung zu Frau A. zu vertiefen, aber auch um sich selbst zu finden. Also plant er eine Reise ohne Kinder. Frau A. hingegen will nicht nach Israel. Sie kennt das Land nicht und hat Angst vor Komplikationen, die aus der unsicheren politischen Lage Israels erwachsen könnten. Auch möchte sie die beiden Kinder nicht allein mit den

Großeltern zurücklassen, möchte ihnen aber andererseits die Strapazen einer solchen Reise ins Ungewisse nicht zumuten.

Dass Familienangehörige ihres Mannes während des Zweiten Weltkriegs zu Holocaust-Opfer wurden, verunsichert Frau A. zutiefst. Sie hat zwar einige Verwandte ihres Mannes in der Schweiz getroffen, fühlt sich ihnen jedoch nicht nahe genug, um mit ihnen über Herr R.'s Familiengeschichte oder ihre Paarbeziehung zu reden.

Als Paar haben beide den Eindruck, dass sie sich seit der Geburt der Kinder, die sie beide sehr gern haben, als Liebende verloren haben. Ihr ganzes Leben dreht sich um das Befinden der Kinder und um den Aufbau ihrer beruflichen Laufbahn. Als Paar existieren sie kaum noch. Die kritische Episode im Zusammenhang mit der Reise nach Israel und dem bevorstehenden 40. Geburtstag von Herrn R. illustriert diesen Konflikt.

Ein zentrales Thema, so berichten sie beide, sind fehlende Vereinbarungen zur Arbeitsteilung im Haushalt und bei der Kinderbetreuung, hinzu kommt ganz allgemein das Problem, dass sie sich über ihre Einstellung zu Partnerschaft, Familie und Beruf nicht ausgetauscht haben. Diesen Themen will ich mich im Folgenden zuwenden.

1. Vereinbarungen zu Hausarbeit und Kinderbetreuung

In unserer Studie ist deutlich geworden, dass sich überwiegend Frauen für die praktische Hausarbeit zuständig fühlen. Ihre Partner übernehmen weniger Verantwortung dafür.

Viele Paare berichten von einer »bestimmten Arbeitsteilung« zwischen Frau und Mann. Worin diese allerdings konkret besteht, können sie schwer bestimmen, weil letztlich die Hausarbeit nicht wirklich aufgeteilt wird. Folgendes lässt sich daraus schließen: Die Wünsche der Paare sind weit progressiver als ihre Wirklichkeit.

Auffallend ist, dass es in den meisten Fällen keine konkreten Vereinbarungen zum Thema Hausarbeit und Kinderbetreuung gibt, dass Paare zwar allgemeine Ideen zum Thema haben und sich recht aufgeschlossen und progressiv zeigen, aber zu keinen konkreten Schritten und Ergebnissen vorgedrungen sind. Es ist zu vermuten, dass dieser Themenbereich oft zu schwierigen Auseinandersetzungen zwischen den Partnern führt, daher meiden viele Paare dieses heikle Thema, solange es geht.

2. Partnerschaft und Beruf

Die Einstellung des Paares A. und R. zu Beruf und Karriere spiegelt allgemein den zwiespältigen Charakter moderner Partnerschaften. Zwar gibt es nur noch eine kleine Minderheit, die eindeutig die Position vertritt, dass Frauen für die Haushaltsführung und das Familienleben vorgesehen sind, doch hegt eine Mehrzahl der befragten Männer und Frauen trotzdem erhebliche Zweifel, die aus konkreten Erfahrungen gespeist werden: Viele Paare betonen, dass ein Familienleben darunter leidet, wenn Frauen voll berufstätig sind. Frauen stimmen dieser Meinung zu, sobald sie die Mehrfachanforderungen am eigenen Leib spüren. Es ist darum stimmig, wenn keine Mehrheit der Befragten sich dafür ausspricht, dass ein Mann auf seinen Job verzichten sollte, falls die Frau allein für den Unterhalt der Familie aufkommen kann. Eine große Mehrheit der Befragten ist der Meinung, dass jeder Partner selber entscheiden muss, ob er/sie Karriere macht oder nicht.

In der Praxis haben sich junge Paare häufig eine Struktur der Verwaltung gemeinsamer Ressourcen angeeignet. Das trifft auch für Frau A. und Herrn R. zu. In gemeinsamen Haushalten ist eine gemeinsame Haushaltskasse bzw. ein gemeinsames Konto etabliert. Die Finanzierung der gemeinsamen Partnerschaft ist heutzutage längst kein Indiz mehr für männliche Vorherrschaft. Frauen tragen genauso zum monatlichen Haushaltseinkommen bei wie Männer und sind mit ihrem Anteil zufrieden.

3. Kommunikation und Streit in der Partnerschaft

Streit in der Partnerschaft ist ein Thema, das zu Beginn einer Paarberatung eher marginal ist. Während »Kommunikation« kein Tabu ist, scheint Streit ein zentrales, aber sehr schwieriges Thema vieler junger Paare zu sein. Die meisten Frauen und Männer finden es »normal«, dass das Thema in die Beratung gehört, haben aber oft keine Lust, darüber zu reden. Argumente wie »Wir streiten uns viel zu selten«, oder »Wir achten darauf, dass die Kinder und andere Menschen nichts von unseren Unstimmigkeiten mitbekommen« sind in meiner Praxis üblich, wenn das Thema Streit auf der Tagesordnung steht. Es scheint von Scham besetzt zu sein. Vor allem Frauen bemühen sich, eine Beziehung zu führen, die Vorbildcharakter hat; sie scheinen mehr am »Wir« einer Beziehung interessiert zu sein als ihre männlichen Partner, und auch daran, Beziehungen mit ihrer Umwelt zu pflegen und einen Freundeskreis aufzubauen. Oft überlasten sie sich und ihre Partnerschaft mit dem Anspruch, vorbildlich sein zu müssen.

Zwar ist das beschriebene Paar A. und R. noch nicht in der Lage, sich mit solchen Ansprüchen zu überlasten, aber es ist leicht vorstellbar, dass die beiden in diese Zwickmühle geraten, wenn sie einmal sich selber überlassen sind. Als Beraterin ist es mir wichtig, dass Menschen sich klar sind darüber, welche realistischen *Einflussmöglichkeiten* sie auf das Leben und ihre Partnerschaft haben.

4. Beziehungen zur Herkunftsfamilie und zu den Schwiegereltern

Paarbeziehungen lösen in der Regel die Herkunftsfamilie als Bezugspunkt ab. Die Bedeutung der Eltern geht für das Paar zurück. Neue Beziehungen treten auf den Plan. Die Bindung von Frau A. und Herrn R. an ihre Herkunftsfamilien zeigt exemplarisch mein ganz spezielles Anliegen: Es geht mir immer wieder um die Frage, welche Rolle die Eltern bei der Unterstützung der Paarbeziehung spielen, und wo – vermutlich gut gemeinte – Übergriffe dessen Entwicklung als Paar behindern.

Die Kluft zwischen den Familien von Herrn R. und Frau A. ist offensichtlich. Herr R. fühlt sich mit der Geschichte seiner Eltern und ihren spezifischen Erfahrungen tief verbunden – ein deutlicher Unterschied zu seiner Frau. Er kann die Beziehung zu seiner jüdischen Herkunftsfamilie, die in Osteuropa von den Nazis zum großen Teil ausgelöscht worden ist, nicht abbrechen – jeder Abbruch käme aus seiner Sicht einer Wiederholung dieser brutalen Erfahrung gleich. Frau A. hingegen, deren Geschichte solide eingebettet ist in die Tradition des schweizerischen Kleinbürgertums, kann sich die Lebensthemen und Lebensbedingungen von Herrn R.'s Familie nur schwer vorstellen. Zwar gibt es auch in ihrer Herkunft Brüche. Die Tatsache, dass ihr Vater ein »coming out« als Homosexueller vollzogen hat, seine Frau verließ und mit seinem jüngeren Geliebten zusammenzog, hat in der näheren Umgebung der Familie Aufsehen erregt. Doch da Frau A.'s Mutter bald mit einem neuen Partner zusammenzog, der sich als »Familienmensch« liebevoll um die Kinder der jungen Familie kümmerte, kann diese Geschichte relativ leicht in Frau A.'s Biographie integriert werden.

5. Beziehung zu den eigenen Eltern

Bei den meisten jungen Paaren zeigt sich, dass Eltern und Schwiegereltern zu Sohn bzw. Tochter und deren Partnerin bzw. Partner mehr Kontakt als bisher wünschen – ganz besonders, wenn Enkel vorhanden sind. Ich kann diesen Wunsch, mittlerweile selber Großmutter, sehr gut verstehen!

Aber wie sollen junge Paar mit dem Thema Nähe/Distanz zur Herkunftsfamilie umgehen? Bei allem guten Willen von Seiten der Frau wie des Mannes, sich selbst gegenüber als Paar, aber auch den Kindern sowie den Eltern und Schwiegereltern gerecht zu werden, lässt sich kaum eine einfache Lösung finden. Zwar betonen oft beide Partner, dass sie glücklich sind, dass Eltern und Schwiegereltern so verständnisvoll mit diesem Konflikt umgehen und sich überwiegend von der jungen Familie zurückziehen, aber so einfach lässt sich dieses Thema nicht bewältigen. Besonders dann nicht, wenn Eltern in der Nähe wohnen und gerne mehr Kontakt zu Kindern und Enkeln hätten. Es kommt vor, dass in diesem Dreieck: Eltern, Schwiegereltern und die junge Familie plötzlich Probleme aufbrechen, die nicht vorhersehbar sind. Frau A. zum Beispiel findet keine Erleichterung darin, dass die Eltern ihres Mannes sich so spürbar von der jungen Familie distanzieren, obwohl sie finanziell zu deren Unterstützung beitragen. Auch Herr R. findet dieses Thema schwierig. Es gibt Hinweise darauf, dass die Distanzierung seiner Eltern vermutlich mit einer gewissen Vorwurfshaltung gegenüber seiner Frau zusammenhängt. Der nicht offen geäußerte Vorwurf bezieht sich darauf, dass die junge Frau ihrer beruflichen Laufbahn zu viel Wert beimesse, während ihr Gatte selbstverständlich jede freie Minute zum Aufbau seiner eigenen Karriere einsetzen müsse.

Selbst wenn »Schwiegerkinder« es mühsam finden, in der Paarberatung über solche heiklen Themen zu reden, ist es mir als Beraterin wichtig, dass sie angesprochen werden. Eine solide Paarbeziehung kann erst dann entstehen, wenn sämtliche heiklen Themen ins Gespräch einbezogen werden können.

6. Lösungen

Das Paar Herr R. und Frau A. entscheidet sich nach vielen Diskussionen zur Reise nach Israel. Die Eltern des Mannes, froh über seine Anknüpfung an die Familientradition und deren Geschichte, tragen finanziell zu dieser Reise bei.

Als Beraterin bin ich überzeugt, dass nicht das Resultat, nämlich die gemeinsam getroffene Entscheidung, nach Israel zu reisen, für diese Paarbeziehung von großer Bedeutung war, sondern der Weg, der von beiden bei dieser Entscheidungsfindung zurückgelegt worden ist. Beide mussten sich explizit mit den Unterschieden ihrer Geschichte und Kulturen befassen, was sie bisher vermieden hatten.

Bei allen jungen Paaren in der vorliegenden Studie ist mir aufgefallen, dass ein Hauptmerkmal ihrer Anziehung, nämlich ihre unterschiedlichen kulturellen und sozialen Welten, eine Orientierungshilfe in ihrer Existenz als Paar sein kann. Das Bild einer heilen, harmonischen Partnerschaft mag in der Phase der Verliebtheit mit dem Anliegen des Paares und dem ihrer Familien übereinstimmen. Doch kann die Pflege von Freundschaften und die Idee des Paares, Vorbildfunktion für andere zu übernehmen, die Paarexistenz sehr beeinträchtigen, wenn über Differenzen nicht offen diskutiert und die Familiengeschichte nicht auch in Frage gestellt werden darf.

In ausführlichen Gesprächen, illustriert mit »Stammbäumen« beider Familien sowie Anekdoten aus ihren jeweiligen Familiengeschichten, haben Frau A. und Herr R. Verständnis und Respekt für bestehende Unterschiede gefunden. Zur Zeit sind noch viele Themen, die die konkrete Organisation des Alltags betreffen, offen, aber die Grundstimmung zwischen Frau und Mann ist nun so beschaffen, dass auch diese Probleme angegangen und gelöst werden können.

Paar T. und A.

THEMA: Gemeinsame Wertvorstellungen und spiritueller Reichtum als Garant für eine gute Partnerschaft

Was wir in der Vorbereitungsphase unserer Studie nicht voraussehen konnten, ist die internationale Mischung der teilnehmenden jungen Paare. Noch vor einigen Jahren wären vermutlich die meisten Paare gebürtige Schweizer gewesen und hätten einen ähnlichen Sozialisationshintergrund gehabt wie der schweizerische »Durchschnitt«, doch dies hat sich ganz wesentlich geändert, wie sich das am bikulturellen Paar T. und A. beispielhaft zeigen lässt.

Frau T., 38, ist Schweizerin und stammt aus einer katholischen Familie; ihre Eltern sind bereits verstorben. Ihr Mann, Herr A., ist Iraner und Muslim. Frau T. ist von Beruf Krankenschwester und arbeitet in Teilzeit; ihr Mann ist fest angestellter Computer-Ingenieur und sechs Jahre jünger als seine Frau, was beide als Vorteil für ihre Ehe bezeichnen. Sie kennen sich seit elf Jahren, sind seit fünf Jahren verheiratet und haben zwei Töchter, eine ist zwei, die andere ist dreieinhalb Jahre; die ältere Tochter erkrankte an Diabetes.

Zur Wertvorstellung des Paares kann angemerkt werden, dass es in der Geschlechterrollen-Orientierung liberal denkt und eine aufgeschlossene Lebenseinstellung hat, auch ihre Zukunftsperspektiven sind offen und verhandelbar.

Interessant ist die Feststellung, dass die meisten bikulturellen Paare, die in der Schweiz leben, Ähnlichkeiten haben mit bikulturellen Paaren aus anderen Kulturen. Das heißt, dass sie ihre »Antennen« weit ausfahren und recht gut wissen, wo sie sich selber in Bezug auf andere Paare bewegen.

Frau T. und Herr A. stimmen darin überein, dass sie sich das Leben, wie sie es als Paar in der Schweiz leben, so nicht vorgestellt haben. Der Beruf absorbiert Männer viel zu sehr und das wird genau dann zum Problem, wenn beide, Mann und Frau, berufstätig sind. Ohne Krippenplätze und ohne Hilfe von Familienangehörigen ist das nicht zu schaffen. Manchmal ist Frau T. sehr wütend über die vorherrschende, schwer zu überbrückende Schieflage zwischen Frau und Mann, darum wollte sie an der Studie zu jungen Paaren unbedingt teilnehmen, um ihren Unmut diesbezüglich äußern zu können.

1. Partnerschaft als Ort emotionaler Stabilität

Frau T. und Herr A. verstehen ihr gemeinsames Zuhause als einen Ort emotionaler Geborgenheit, für beide Seiten ist das die treffendste Formulierung – Partnerschaft als Ort emotionaler Stabilität. Ihr Anliegen, das sie mit einer Partnerschaft verbinden, ist:

- Offen miteinander reden, keine Geheimnisse voreinander haben, was aber nicht heißt, dass man einander immer alles erzählt. Etwas Eigenes zu haben, ist für beide wichtig. »Keine großen Geheimnisse, aber kleine«, meint der Mann.
- Die Ehe ist für beide nach wie vor die wichtigste Organisationsform von Partnerschaft. Sie finden, dass der für die Beschreibung unserer Zeit oft herbeizitierte »Individualismus« ein Medienkonstrukt sei und auch in unseren westlichen Breitengraden nicht so verbreitet, wie es Zeitungen gern sehen. Ein Hochzeitsfest war für beide wichtig, sie empfehlen es allen jungen Paaren: Die Ehe mit einer fröhlichen Feier beginnen zu lassen, ist ein fruchtbarer Auftakt, der dem Ereignis ein größeres Gewicht und einen besonderen Erinnerungswert verleiht. Die Ehe sollte

gefeiert werden, selbst wenn wenig Geld vorhanden ist. Und wenn Eltern finanziell zum Fest beitragen können, umso besser.

Die Ehe als ein Gemisch zwischen traditionellen Verhaltensmustern und partnerschaftlich »modernen« Sichtweisen ist das, was sich auch die meisten anderen Paare wünschen. Zudem wollen alle den authentischen Dialog mit Eltern und Schwiegereltern über Themen wie Schwangerschaft, Verantwortung, Verbindlichkeit und Treue. Über auftauchende Probleme sollte mit allen Familienmitgliedern offen diskutiert werden können.

▪ Treue ist für beide Partner absolut wichtig, meint Frau T. Sie selbst hatte einen Vater, der häufig fremdgegangen ist. Davor hatte sie am Anfang der Beziehung zu ihrem Mann auch große Angst. Für Herrn A. als gläubiger Moslem sind jedoch Außenbeziehungen »nicht lebbar«. Im Koran hat die Treue zur Ehefrau einen sehr hohen Stellenwert. Hat ein Mann eine Geliebte, muss er sie heiraten und Verantwortung für sie übernehmen. »Freie Liebe« ist für dieses Paar zum jetzigen Zeitpunkt kein Thema. Aber der Umgang mit einem »Seitensprung« könnte sich für beide in Zukunft als ein schwieriges Problem erweisen.

2. Partnerschaft und Beruf

Beide Partner wollen sich in den nächsten Jahren beruflich weiterentwickeln. Momentan jedoch leben sie in ihrem Alltag eine deutlich klassische Rollentrennung: Die Hauptlast der Sorgen um Haushalt und Familie trägt die Frau. Ob das allein an der großen beruflichen Belastung des Mannes liegt, bleibt offen. Dass Frauen eine solche Rollenverteilung von sich aus akzeptieren, glaubt Frau T. nicht. Für sie war dies der Hauptgrund ihrer anfänglichen Unzufriedenheit in der Partnerschaft, was auch häufig Anlass zu Diskussionen und Streit gab.

Die Eltern von Frau T. sind innerhalb von drei Jahren gestorben, nachdem sie sich auf ungute Weise getrennt hatten und der Vater von Frau T. bis zu seinem frühen Tod mit einer jungen Geliebten lebte. Das war eine sehr schwere Zeit für Frau T., in der sie Trost vor allem bei ihren Kindern, ihrem jüngeren Bruder und dessen Freundin fand. Die Art, wie ihre Mutter bis zu deren Tod lebte bzw. leben musste, fordert Frau T. heraus, viel besser für sich selbst zu sorgen, als ihre Mutter es getan hatte.

3. Finanzielle Unterstützung

Das junge Paar hat sein großes Hochzeitsfest allein bezahlt, bloß bei der standesamtlichen Trauung haben die Eltern des jungen Paares gemeinsam die Finanzierung des Festessens für 15 Personen übernommen.

Heiligabend ist immer noch ein bedeutsames Fest, auch bei »gemischten« Paaren. In der Familie von Frau T. werden die christlichen Feste mit der engsten Familie gefeiert. Dass dabei meist liebevoll viele Geschenke ausgetauscht werden, stößt Herrn A. sauer auf, weil er befürchtet, dass die Kinder die christlichen Feiertage bevorzugen könnten, da es bei diesen Anlässen immer mehr Geschenke gibt als bei den islamischen Festen. Eigentlich hatte die Herkunftsfamilie von Herrn A. die Geschenke zu Ramadan abgeschafft, aber dann wieder eingeführt, als die ersten Enkel kamen. Fasten kann Herr A. wegen seiner Arbeitszeiten nicht, will es aber wieder einführen, sobald es möglich ist.

Das Paar erzählt, dass für sie das Fasten sowie das Beenden der Fastenzeit etwas Feierliches sei, das sie nicht missen möchten. Frau T. ist inzwischen zum Islam konvertiert. Die

Familie hat sich eine Moschee gesucht, wo Frauen mit Männern gemeinsam hingehen können. Die junge Familie hat darin einen großen spirituellen Reichtum für sich entdeckt, den sie ganz bewusst pflegt.

Zusammenfassende Einschätzung:

Wir können viel von diesem Paar lernen, ganz besonders von der Art und Weise, wie es mit spirituellen und historischen Unterschieden umgeht. Der gute Umgang mit dem, was sie trennt, kann ein wesentlicher Grund dafür sein, dass sie über alle Andersartigkeit hinweg ein Leben lang zusammenbleiben. Für Frau T. und Herrn A. ist ihre Partnerschaft der Ort, an dem sie sich emotional aufgehoben fühlen. Da der Mann häufig wochenweise abwesend ist, bedeutet es ihnen sehr viel, dass sie sich aufeinander verlassen können. Ohne Treue geht ihr Lebensentwurf nicht auf, davon sind beide überzeugt. Keiner der Partner stellt auch nur im Geringsten die Treue des anderen in Frage, sie haben also eine gute Vertrauensbasis entwickelt. Frau T. hat als Kind mit ihrem Vater erlebt, welche negativen Auswirkungen Außenbeziehungen haben können. Für Herrn A. sind sie nicht erstrebenswert, ja, sogar verboten, sonst müsste er – wie er selbst behauptet – auch für die Geliebte Verantwortung übernehmen. Beide empfinden, dass selbst ein spontaner einmaliger Seitensprung ihre Beziehung als Paar bedrohen würde.

Während Herr A. neben seiner Arbeit auch seinem Hobby Kampfsport nachgehen kann, verzichtet die Frau wegen ihrer Mehrfachbelastung darauf, obwohl auch sie den Kampfsport liebt, und fühlt sich in diesem Punkt von ihrem Mann im Stich gelassen. Sie bewundert ihn zwar und gönnt ihm sein Hobby, aber spürt gleichzeitig, dass an dieser Stelle ein Konflikt schwelt, den die beiden vorerst nicht angehen möchten. Eigentlich hätte der Mann gern erst später Kinder gehabt, um noch länger eine unbeschwerte Zeit mit seiner Frau genießen zu können, doch waren Kinder schließlich für sie wichtiger. Trotzdem verbindet die beiden ihre gemeinsame Liebe zum Kampfsport. Verbunden sind sie aber vor allem durch die Kinder und die gemeinsame Religion. Die Frau meint, aus eigener Überzeugung zum Islam übergetreten zu sein.

Paar J.

THEMA: One-night-stand – ja oder nein?

Beim Erforschen junger Paare sind wir bislang zu einigen interessanten Ergebnissen darüber gekommen, wie Paare heutzutage leben, wie sie ihren Alltag organisieren und gestalten, welche Wertvorstellungen und weltliche bzw. religiöse Einstellungen sie haben, was sie von einem Hochzeitsfest, von Heirat und Ehe halten, welche Rollenaufteilung sie pflegen. Und obwohl in der Presse junge Menschen als Individualisten oder Menschen mit egoistischen Neigungen und Selbstverwirklichungsträumen angesehen werden, und obwohl man ihnen häufig Unverbindlichkeit und Treulosigkeit nachsagt, sprechen unsere Umfragen und Erfahrungen mit jungen Menschen dagegen: Die meisten jungen Paare, die zu uns in die Praxis kamen, sagten aus, die Ehe sei für sie die wichtigste Organisationsform von Partnerschaft. Viele junge Menschen heiraten heute aus einer tiefen inneren Überzeugung, sind recht verbindlich und halten viel von Treue. Dem jungen Paar J. verleiht Partnerschaft ebenfalls Stabilität, nur in punkto one-night-stand haben sie unterschiedliche Ansichten.

Frau J., 27 Jahre, ist in G. mit einem Bruder und einer Schwester aufgewachsen, ihre Eltern sind geschieden. Sie ist gelernte Buchhändlerin und arbeitet in einer Zürcher Buchhandlung. Bei der Heirat hat ihr Mann, Herr J., 26 Jahre, den Namen seiner Frau angenommen, was in seiner Herkunftsfamilie Unmut auslöste. Väterlicherseits hat er italienische Wurzeln und ist mit seiner jüngeren Schwester in Genf aufgewachsen. Seine Mutter kommt ursprünglich aus Neuenburg/Schweiz. Herr J. ist auch ein Scheidungskind. Nach einer Kaufmannslehre wechselte er in die Versandabteilung einer Firma, die Schönheitsprodukte vertreibt. Er lebt seit sieben Jahren in der Deutschschweiz und spricht mittlerweile recht gut Deutsch. Das Paar hat einen großen Bekannten- und Freundeskreis am Herkunftsort der Frau.

Interview mit Herr und Frau J.

RWE: *Wer hat Ihre Hochzeit bezahlt?*

Herr und Frau J.:   Hm.

RWE: *Es ist eine wichtige Frage, nicht wahr? (Paar nickt)*

Frau J.:   Wir haben die Hochzeit selber bezahlt. Mein Vater hat eine Kleinigkeit dazu gegeben.

Herr J.:   Ja, und meine Mutter auch.

Frau J.:   Sie haben uns ein bisschen unterstützt.

Herr J.:   Ja, wir haben bei der Wunschliste für die Hochzeit so eine Kategorientafel gehabt.

Frau J.:   Das ist etwas anderes. Das bezog sich auf die Geschenke, mit denen wir nachher das Bett bezahlt haben usw.

RWE: *Also haben die Eltern die Hochzeit bezahlt?*

Frau J.:   Ja, und es ist dann um einiges teurer geworden, als wir ursprünglich dachten.

RWE: *Und wie haben Sie das dann gemacht?*

Frau J.:   Aus einem Impuls heraus, das machen wir immer so. Das ist bei uns die Methode! (*beide lachen*) Wir haben dann noch lange nachbezahlen müssen.

RWE: *Und das war gut so, Sie bereuen es nicht, dass Sie ein »richtiges« Hochzeitfest gefeiert haben?*

Frau J.:   Nein, gar nicht. Ich hätte mit der Feier auch noch früher angefangen, aber aus finanziellen Gründen haben wir erst um vier Uhr nachmittags begonnen. Es wurde dann aber mehr, als wir dachten: Wir hatten halt viele Gäste, sogar Ex-Nachbarn aus Deutschland, die schon bei meiner Konfirmation dabei waren, Freunde und Geschäftskollegen, mit denen wir oft zusammen waren oder noch sind, Verwandte aus Amerika…

RWE: *Sehr schön.*

Frau J.: Ja, ich war einfach der Meinung: Wenn ich heirate, dann will ich ein großes Fest, sonst kann ich es ja gleich lassen. Nur zu viert zusammen zu sitzen, das ist doch nichts.

RWE: *Es gibt Paare, die das so machen und nur mit den Trauzeugen feiern.*

Herr J.: Meine Eltern zum Beispiel haben das so gemacht.

Frau J.: Nein, bei uns ist das nicht so. Auch mein Bruder hat schon im großen Stil geheiratet.

RWE: *Also, es reut Sie nicht.*

Frau J.: Nein, nein.

Herr J.: Nein.

Frau J.: Ich hätte sogar noch mehr Geld ausgegeben. Das ist es mir wirklich wert gewesen.

RWE: *Also dann sind Sie großzügige Leute…*

Herr J.: (*beide lachen*) Wir hätten die ganze Nacht durchmachen können, ohne Probleme. Von mir aus einen ganzen Tag und eine ganze Nacht feiern, *(zu seiner Frau)* du weißt ja, wie es ist…

Frau J.: Eben.

Herr J.: Die Hauptsache, man hat Spaß, der Rest ist sekundär.

RWE:	*Und ihre Eltern? Hatten Sie nicht das Gefühl, dass sie Ihnen mehr Geld für die Hochzeit hätten geben können?*
Frau J.:	Ich glaube nicht. Nein (*schaut zu ihrem Mann*). Meine Eltern haben es natürlich so gemacht: Sie haben mir ungefähr das gegeben, was sie meinem Bruder vor drei Jahren bei dessen Hochzeit geschenkt hatten. Und am nächsten Tag hat meine Mutter – und das war sehr großzügig! – alle Hochzeitsgäste, die noch kommen wollten, zu einem Brunch bei sich zuhause eingeladen.
RWE:	*Haben die Gäste auch bei ihr übernachtet?*
Frau J.:	Ein Teil, aber der Großteil kam aus der Gegend.
RWE:	*Haben Sie mit Ihrem Pfarrer ein Ehegespräch geführt oder ist das gar nicht mehr üblich, ich habe keine Ahnung?*
Frau J.:	Doch, der Pfarrer ist zu uns nach Hause gekommen, wir saßen eine Weile mit ihm zusammen. Das war uns schon wichtig. Was hat er noch so gefragt?
Herr J.:	Zum Fest in der Kirche hat er Fragen gestellt. Und ob wir noch einen speziellen Wunsch haben. Wir haben auch ausgemacht, dass er mich auf Italienisch fragen wird und sie auf Deutsch, damit es meine Familie nicht so langweilig findet. Aber die hatten dann auch so Spaß.
RWE:	*Ist Ihr Vater als Italiener katholisch?*
Herr J.:	Ja.
RWE:	*Hat es Ihren Vater gestört, dass Sie in einer reformierten Kirche geheiratet haben?*
Herr J.:	Das haben wir ihn nicht einmal gefragt. *(beide lachen)*

80

Frau J.:	Wir wollten eigentlich ökumenisch heiraten, doch mit der katholischen Kirche ist das etwas mühsam *(lacht)*. Und dann fanden wir: Ach, komm …
Herr J.:	Mir ist es egal, ob katholisch, oder jüdisch, das ist für mich kein Problem.
RWE:	*Bei den jungen Paaren, die wir bisher in unserer Praxis befragt haben, gibt es eine Mischung aus traditionellen Einstellungen (Man heiratet, geht in die Kirche, wie es alle vorher gemacht haben) und aus modernen Vorstellungen (man gestaltet seine Hochzeit selber). War es bei Ihnen ähnlich?*

(Kurze Pause. Beide denken nach, schauen sich an.)

Herr J.:	Gute Frage.
Frau J.:	Ich würde sagen: »Bei uns ist es so, dass er den Haushalt eher macht als ich. *(lacht)*
RWE:	*Ja, das ist wirklich modern, dass Sie nicht einer sind, der heimkommt und erwartet, dass die Frau gekocht hat.*
Herr J.:	Also kochen tut sie schon.
Frau J.:	Das mach ich.
Herr J.:	Das kann ich nicht. Aber sonst mach ich alles: waschen, bügeln, staubsaugen.
Frau J.:	Bis auf zwei drei Kleidungsstücke, bügelt er alles und macht überhaupt einiges mehr als ich.
RWE:	*Das ist genau das, was wir auch herausgefunden haben, dass Paare eine Mischung leben aus traditionellen und modernen Formen. Das kann man auch von Ihnen so sagen?*
Herr und Frau J.:	Ja.
RWE:	*Es wirkt so, als wären Sie (zum Mann) für die*

Gemeinschaft, für das Gemeinsame, die Geborgenheit zuständig?

Frau J.: Ich bin für die gemeinsame Kasse zuständig, alles, was Rechnungen angeht. Aber sonst ist er zuständig...

Herr J.: *(nickt bestätigend)*

RWE: *Also so etwas wie Einladungen aussprechen oder etwas Schönes machen?*

Herr J.: Das machst eher du *(zur Frau)*.

Frau J.: Ja, weil ich hier einen größeren Freundeskreis habe.

Herr J.: Ja, und auch, weil sie sich besser mit dem Computer auskennt. Computer interessieren mich gar nicht. Ich brauche den Computer nur, um bestimmte Überweisungen zu machen, aber sonst nicht. Ich kann nicht einmal eine Mail lesen oder verschicken, und das nervt sie, denn jedes Mal muss ich sie fragen: Habe ich eine Mail bekommen? Nein, der Computer interessiert mich gar nicht. Aber sie will immer so spezielle Sachen machen, die man nur mit dem Computer machen kann. Dann sag ich immer: Wenn du das willst, gut, dann mach du es.

RWE: *Dann haben sie schon eher eine moderne Idee von der Verteilung Ihrer Aufgaben.*

Herr J.: Hm.

Frau J.: Ja, Einladungen gehen eigentlich von mir aus.

Herr J.: Wir reden schon sehr viel darüber, wie wir es am besten machen wollen...

RWE: *Wer ist denn eher zuständig, dass die Verwandtschaft gepflegt wird?*

Frau J.: Er für seine Familie, ich für meine. Da ich eine

	größere Familie habe, mache ich selbstve lich mehr.
RWE:	*Dann haben Sie auch mehr zu tun?*
Herr J.:	Ich muss sagen, ihre ganze Familie ist uns naher. Auch geographisch, meine Familie ist 300 und mehr Kilometer entfernt. Und ich gestehe offen: »Meine Familie gegen ihre Familie!« Meine Familie ist viel komplizierter. Das und jenes geht nicht, die Stiefmutter ist mit kaum etwas zufrieden, alles sollte man anders machen. Ich habe sie manchmal bis obenauf satt – meine Familie. Und das habe ich auch schon ein paar Mal gesagt, ich möchte am liebsten die Familien tauschen.
Frau J.:	Aber ich tausche meine nicht! *(Alle lachen)*
RWE:	*Sehen Sie denn Ihre Familie oft (zur Frau)?*
Frau J.:	Ja, zu meiner Mutter gehen wir alle ein bis zwei Wochen.
RWE:	*Und dann kocht sie?*
Frau J.:	Ja, dann kocht meine Mutter.
Herr J.:	Und am Sonntag, von mittags bis abends um elf Uhr, sind wir draußen und spielen.
RWE:	*Kommen auch Nachbarn oder Geschwister?*
Frau J.:	Mein Bruder mit seiner Frau und der kleinen Tochter, oder Freundinnen von mir oder ein Kollegenpärchen, bei denen wir vor Kurzem zu einem Brunch eingeladen waren.
RWE:	*Sie haben viele soziale Kontakte?*
Frau J.:	Ja, schon.
RWE:	*In meiner Generation war die Ehe das Wichtigste für ein Paar. Wie sieht es bei Ihnen aus? Haben sie je daran gedacht, nicht zu heiraten oder war das kein Thema?*

Frau J.:	Er war sehr schnell, er hat schon nach einem halben Jahr gefunden: »Komm, eine Heirat wäre doch was!«
Herr J.:	(*nickt bestätigend*) Und erst haben wir überlegt, wir heiraten gleich nach meiner Lehre, aber dann haben wir immer verschoben, weil wir fanden, wir müssten dafür doch etwas Geld haben.
RWE:	*Warum wollten Sie so jung heiraten?*
Herr J.:	Ich weiß nicht, wieso. Als wir zusammen waren, nach einer Woche, vielleicht schon nach zwei Tagen, war da so etwas…
RWE:	*Und Sie hatten keine Angst zu heiraten?*
Herr J.:	Nein überhaupt nicht.
RWE:	*Es gibt ja Männer, die haben wirklich Angst, sich einzulassen.*
Herr J.:	Nein, überhaupt nicht.
RWE:	*Wie haben Sie das dann gemacht? Haben Sie ihr so eine Art Antrag gemacht? Einen Heiratsantrag?*
Frau J.:	Ich habe ihm gesagt, als wir darüber geredet haben, ich will natürlich schon einen richtigen Heiratsantrag. Einfach so nebenbei fragen, das zählt nicht: Du musst vor mir mindestens in die Knie gehen.
RWE:	*Also wie im Film.*
Frau J.:	Ja, wie im Film. Und als wir dann beim Skifahren waren, da ging er vor mir in die Knie. So muss es sein!
RWE:	*Haben Sie dann auch darüber geredet, wie Sie leben wollen, ob Sie Kinder wollen?*
Frau J.:	Ja, das war immer klar, dass wir Kinder wollen.
Herr J.:	Ja, von Anfang an, da diskutieren wir jetzt noch.

Sie wird erst ihre Schule fertig machen, und dann gehen wir nächstes Jahr auf Reisen.

Frau J.: Das sind ja nur Ferien, zwei Wochen.

Herr J.: Wir möchten noch etwas Zeit für uns haben, dann Kinder. Wir hören das von anderen Paaren: Sobald man ein Kind hat, kann man nicht mehr so viel weggehen.

RWE: *Außer die Großmutter passt auf die Kinder auf?*

Frau J.: Ja, meine Mutter würde schon einspringen, aber sie muss selbst noch arbeiten.

RWE: *Sie ist noch berufstätig?*

Frau J.: Ja, und sie ist bereits einen Tag pro Woche bei meiner Nichte. Ich finde, das wäre etwas viel verlangt.

RWE: *Würden Sie (zur Frau) dann aufhören zu arbeiten?*

Frau J.: Wir haben uns da schon einiges überlegt. Ich hätte gerne für zwei Jahre aufgehört, aber heutzutage ist das finanziell einfach nicht möglich. Also, das ist keine Frage des Wollens, sondern eine des Könnens. Wenn wir 60.000 Franken gespart haben und ich dann irgendwie 20 bis 30 Prozent arbeite, dann würde es gehen.

RWE: *Ja, und Sie (zum Mann) können nicht Teilzeit arbeiten?*

Herr J.: Teilzeit arbeiten könnte ich auch, doch wenn wir beide Teilzeit arbeiten, verdienen wir zu wenig Geld, das ist das Problem.

Frau J.: Und dann sieht man sich gar nicht mehr.

RWE: *Was ist denn jetzt Ihr Plan?*

Frau J.: Ich hoffe, dass, wenn ich schwanger werde, ich eine andere Frau finde, die auch schwanger ist und zur gleichen Zeit ein Kind bekommt. Meine Schwägerin macht das gerade so, dass sie einen Tag das Kind der anderen Frau hat und dafür an einem anderen Tag ihr Kind abgeben kann. Das ist eigentlich ideal!

RWE: *Dann haben die Kinder auch einen Freund oder eine Freundin.*

Frau J.: Ja, sie wachsen nicht als Einzelkinder auf.

RWE: *Das scheint auch bei anderen so zu sein, dass Kinder für junge Paare eine große Bedeutung haben. Offen bleibt dann nur noch die Frage, warum es so wenige Kinder gibt. Sie haben gerade eine Antwort – eine von vielen möglichen Antworten – auf diese Frage gegeben: Die finanzielle Belastung ist sehr groß, und wenn nur einer allein berufstätig ist, reicht es oft einfach nicht.*

Frau J.: Mein Lohn als Buchhändlerin ist lachhaft, der meines Mannes ist auch nicht viel besser. Eine gewisse Summe muss man im Monat einfach haben. – Ich habe eine Kollegin, so alt wie ich, sie hat sehr früh drei Kinder bekommen, sie ist im gleichen Alter wie ich. Ich habe mir geschworen, ich will niemals so leben wie sie, sie kann sich finanziell nichts leisten. Ich möchte meinem Kind später nicht den Vorwurf machen: Deinetwegen habe ich auf dies oder jenes verzichten müssen. Denn das Kind kann nichts dafür, dass es auf der Welt ist.

RWE: *Klar, ich finde Ihren Plan gut.*

Frau J.: Und nun müssen wir schauen, ob wir ihn durchführen können.

RWE: *Woran könnte er denn scheitern?*

Frau J.: Dass wir nicht genug Geld sparen … Wir geben beide das Geld leicht aus.

RWE: So wie auf Ihrem Hochzeitsfest.

Herr J.: Ja.

Frau J.: Es gibt Tausende von Sachen, die wir gern haben würden. Wir haben zum Beispiel eine DVD-Sammlung von 500 Filmen. Und dann gäbe es noch dies und das.

Herr J.: Ja, wenn man nur lebt, um zu sparen – dazu habe ich keine Lust. Wenn ich jetzt nur noch arbeite, um Versicherungen, Steuern und das ganze Zeug zu bezahlen, dann bringe ich mich doch lieber um.

RWE: Das verstehe ich. Aber Sie wollen zwei Kinder oder habe ich das nur so phantasiert?

Frau J.: Wir hätten schon gerne zwei Kinder, also ich hätte gerne zwei…

Herr J.: Ich kann nicht sagen, ob ich zwei oder nur eins will…

Frau J.: Ich fände zwei schön, dann wachsen sie nicht so allein auf.

RWE: Sie haben ja auch Erfahrung mit Geschwistern, und das war eigentlich eher gut, oder?

Herr J.: Ja.

Frau J.: Ja, ich schätze es sehr, Geschwister zu haben.

RWE: Aber es könnte wieder ein Thema sein, des Geldes wegen!

Frau J.: Ja, dann würde mein Gehalt vier Jahre fast ganz ausfallen. Und da der Kanton Zürich nicht so großzügig ist mit Kinderzulagen wie andere Kantone, weiß ich nicht. Aber gut, auf die 300 Franken kommt es auch nicht mehr an.

RWE: *Wie viele Kinder es sein sollen, das wollen Sie jetzt noch nicht entscheiden?*

Frau J.: Nein, da würde ich mich nicht festlegen. Wir wissen nur beide, wir möchten gerne ein Mädchen haben *(lacht)*. Ja, das fand ich lustig, dass er das auch will.

Herr J.: Wieso?

Frau J.: Ich weiß auch nicht. Normalerweise ist es doch so, dass Männer Jungen wollen und Frauen Mädchen, das ist doch typisch, nicht?

RWE: *Ich weiß es nicht.*

Frau J.: Die eigenen Gene oder die eigenen Erfahrungen weitergeben …

Herr J.: Das kann ich auch mit einem Mädchen machen.

Frau J.: Aber nicht Fußball spielen?

Herr J.: Wer weiß?

Frau J.: Stimmt.

RWE: *Wie wichtig ist Ihnen das Thema Treue? Haben Sie darüber schon gesprochen?*

Frau J.: Ja, und wir haben verschiedene Ansichten.

Herr J.: Hm. *(bestätigend)*

Frau J.: Treue ist für meinen Mann sehr wichtig und mir etwas weniger. Wenn in der Beziehung mal ein Seitensprung vorkommt, so one-night-stand-mäßig, finde ich es nicht schlimm, so etwas kann passieren. Eine längere Außenbeziehung allerdings finde ich nicht in Ordnung. Dann fehlt etwas in unserer Paarbeziehung, dann geht es nicht nur um eine Nacht.

RWE. *Und Sie würden ihm einen One-night-stand nicht übel nehmen?*

Frau J.: Nein.

RWE: *Und Sie (zum Mann) finden, das ist daneben?*

Herr J.: Ja, weil ich das bei meinem Vater erlebt habe. Ich habe mir geschworen, dass ich nie so werden will wie er.

RWE: *Haben Sie denn darunter als kleiner Junge gelitten?*

Herr J.: Ich habe es nur gehört von meiner Mutter, dass sie im Grunde glücklich zusammen waren, es gab nie Krach. Deshalb kann ich es nicht verstehen, dass er immer zu seiner Freundin gegangen ist, auch mit uns Kindern. Das ist schon etwas daneben!

RWE: *Also Sie mussten mit zu der Freundin? Sie und Ihre Schwester?*

Herr J.: Ja, mittags sind wir zur Freundin zum Essen oder in die Badeanstalt gegangen. Zu meiner Mutter sagte er dann: »Ich nehme die zwei Kinder und gehe baden.« Meine Mutter fand es zum Teil schon etwas seltsam, dass er allein mit den zwei Kindern baden geht. Aber er ging nur deshalb mit uns baden, weil seine Freundin schon dort auf ihn wartete.

RWE: *Haben Sie das denn Ihrer Mutter erzählt?*

Herr J.: Das Problem war, dass ich damals noch zu jung war: Ich war etwa sechs Jahre alt. Erst mit zwölf, dreizehn habe ich es verstanden. Ich dachte als kleiner Junge, es ist nur eine Arbeitskollegin, denn er hat sie vor uns nicht geküsst.

RWE: *Aber Sie hatten das Gefühl, es ist nicht gut, was er da gemacht hat?*

Herr J.: Als ich später alles verstand, dass es wirklich seine Freundin war, ist mir schlecht geworden.

RWE:	*Das verstehe ich. Und dann hat er auch eine dieser Frauen geheiratet?*
Herr J.:	Nein, nochmals eine andere.
RWE:	*Ist es eine jüngere als er?*
Herr J.:	Viel jünger, ja. Mein Vater ist jetzt etwa 53 und sie ist etwa 38 oder 39.
RWE:	*Und haben sie Kinder zusammen?*
Herr J.:	Ja, zwei.
RWE:	*(zur Frau) Und was haben Sie denn für Erfahrungen mit Untreue?*
Frau J.:	Das mit meinen Eltern habe ich nicht wirklich mitbekommen. Ich war schon 16, als sie sich getrennt haben. Aber mein Vater war schon immer selten zuhause, und darum ist es nie wirklich aufgefallen. In der Pubertät ist man eher mit sich selbst beschäftigt. Ich merkte aber trotzdem, dass es meiner Mutter nicht gut ging, und darum war ich eher froh, als mein Vater weg war.
RWE:	*Hatte er denn einen Beruf, bei dem er viel verreisen musste?*
Frau J.:	Ja, er war in der Computerbranche tätig.
RWE:	*Wie haben Sie die Scheidung Ihrer Eltern erlebt?*
Frau J.:	Also mich hat alles wütend gemacht. Nicht die Tatsache, dass sich meine Eltern scheiden ließen, denn ich fand, beiden ging es danach besser, sondern die Tatsache, dass mein Vater meiner Mutter vorgeworfen hat, sie wolle zu viel Unterstützung. Sie hatte dreißig Jahre für ihn Geschäftsessen gemacht, und er will ihr nicht einmal ein paar Franken geben.
RWE:	*Und nun muss sie ihren ganzen Lebensunterhalt selber verdienen?*

Frau J.:	Ja, aber etwas Geld hat sie von ihm für mich schon bekommen, als ich noch bei ihr wohnte.
RWE:	*Alimente.*
Frau J.:	Ja, aber sonst nichts.
RWE:	*(zum Mann) Wie war die Scheidung Ihrer Eltern für Sie?*
Herr J.:	Bei mir war es ganz schlimm! Ich hatte sehr viele Probleme: Nach etwa fünf-sechs Monaten, als mein Vater seine neue Frau geheiratet hatte, wollte sie uns unbedingt haben. Sie sagte, die Kinder gehören zu uns und nicht zur Mutter. Wir sind sogar in Begleitung der Polizei in die Schule gegangen, weil der Bruder meines Vaters meiner Mutter gedroht hatte, wenn sie die Kinder einmal allein lasse, werde sie sie nie mehr sehen. Das war ganz schlimm.
RWE:	*Ein Drama.*
Herr J.:	Ja, in der Früh kamen drei Polizisten, aber in Zivil, sie haben uns zu Hause abgeholt und dann ging's bis zur Schultüre. Über Mittag blieben wir auch in der Schule, erst am Abend holten sie uns wieder ab und brachten uns heim.
RWE:	*Und wie lange ist das denn so gegangen?*
Herr J.:	Etwa ein Jahr lang. Dann haben wir sogar mit der Mutter angefangen zu diskutieren, ob wir vielleicht am Wochenende dies und jenes mit dem Vater unternehmen sollen. Ich habe sie dann auch mal direkt gefragt, ob wir überhaupt noch zum Vater gehen müssen? – Wir kamen zu dem Schluss, dass wir ihn nicht mehr sehen wollen, haben ihn dann zu uns eingeladen und ihm das mitgeteilt. Daraufhin stand eines Tages der Bru-

der des Vaters wieder mit Drohungen vor unserer Tür, aber zu guter Letzt mussten wir nicht mehr zum Vater gehen. Seither ging es mir wieder gut. Nach diesem Familiendrama hatte ich etwa drei Jahre keinen Kontakt mehr zum Vater. Ich geriet in psychotherapeutische Behandlung, weil das alles zu viel für mich war. In der Schule ging es nicht so gut, und ich musste sogar ein Jahr wiederholen. Als mein Vater uns verließ, hatte ich diesen Druck auf mich geladen: »Jetzt bin ich der Mann in der Familie!« Keine Ahnung, woher das kam, aber es war so: Ich habe mich für meine Schwester und auch für meine Mutter verantwortlich gefühlt. Wenn Mutter erschöpft von der Arbeit nach Hause kam, habe ich sie immer ermutigt: »Komm wir gehen noch aus!« Ich habe versucht, sie zu unterstützen, so gut ich konnte.

RWE: *So wie Sie es gekonnt haben, doch das war zu viel für einen kleinen Jungen.*

Herr J.: Ja, ich war sieben Jahre alt, und in dem Alter die Rolle des Vaters übernehmen zu wollen, das ist schon extrem. Aber meine Mutter hat mir später gesagt, dass sie sehr glücklich war, mich bei sich gehabt zu haben, sie hätte nicht alles allein machen können. Darauf bin ich natürlich auch stolz.

RWE: *Haben Sie mal mit Ihrem Vater darüber gesprochen?*

Herr J.: Das bringt nichts. Er hat immer recht, er weiß eh alles besser, alle anderen müssen machen, was er will. Er ist ein richtiger Italiener! Ja, aber auch Mutter ist eine richtige Italienerin und nicht besser. Sie stammt aus Apulien, ganz im Süden von Italien.

RWE: *Woher kommt denn der Vater?*

Herr J.: Aus dem Norden, und das ist das Schlimmste, was in Italien passieren kann.

RWE: *Ja, aber das ist nun nicht mehr Ihre Sache.*

Herr J.: *(lacht)* Nein, nicht mehr!

RWE: *Und Ihre Schwester, lebt sie auch mit einem Mann zusammen?*

Herr J.: Momentan nicht. Sie hat einen Job mit nicht so viel Freizeit, sie ist im Sicherheitsdienst tätig, arbeitet auch viel in der Nacht, hat viel Schichtenwechsel und kaum Zeit für Beziehungen.

Frau J.: Sie hat generell nicht viel Interesse an Freunden. Seine Schwester und seine Mutter kleben aneinander.

Herr J.: Seit der Vater uns verlassen hat, sind wir so geworden (*verschränkt die Finger ineinander*). Als ich der Mutter sagte, dass ich nach Zürich umziehen werde, habe ich gespürt, dass sie verletzt ist, vielleicht nicht gerade verletzt, aber dass sie nicht wirklich zufrieden ist. Aber der Kontakt zur Mutter besteht nach wie vor.

RWE: *Und Sie (zur Frau), wie sind Sie aufgenommen worden von der Mutter?*

Frau J.: Wir haben kein gutes Verhältnis. Seine Familie war nicht begeistert von der Idee, dass er eine Deutschschweizerin heiraten möchte. Auch seine Freunde fanden es komisch: »Wie kannst du nur mit einer Deutschschweizerin zusammen sein!« Mir ist einiges vorgeworfen worden. Seither bin ich recht zurückhaltend.

RWE:	*Wie haben Sie sich aufgenommen gefühlt von der Familie Ihrer Frau?*
Herr J.:	Sehr gut. Es geht mir besser mit ihrer Familie als ihr mit meiner. Das hat mich schon auch verletzt, dass ihre Familie mich so akzeptiert und meine Familie sie nicht. Und weil mich das so belastet hat, bin ich an einem Wochenende zu meiner Mutter gefahren. Sie hat dann Sätze gesagt wie: »Ich habe meinen Sohn verloren«, Sätze die uns keinen Schritt weiter gebracht haben.
RWE:	*Sie hat ihn ja gar nicht verloren.*
Herr J.:	Auf eine Art schon: Ich bin nach Zürich gegangen und lebe mit einer Frau zusammen – das ist für sie ein Drama!
Frau J.:	»Du hast eine glückliche Familie unglücklich gemacht«, hat mir seine Schwester mal vorgeworfen.
Herr J.:	Ja, das hat mich schon verletzt.
RWE:	*Dass man sich von der Mutter trennt, ist doch eigentlich ganz normal. Sagen Sie, wenn Sie mal ein Kind haben, wie wird das sein mit der Mutter und der Schwester?*
Frau J.:	Ich habe gesagt, dass die beiden sich in unser Leben nicht einmischen dürfen.
RWE:	*Sie beide sind sich einig, dass Sie zusammenbleiben, dass die Mutter und Ihre Schwester keine Veränderungen bewirken können, dass Ihre Beziehung wichtiger ist?*
Herr J.:	Ja.
Frau J.:	Hm.
Herr J.:	Wenn meine Mutter und meine Schwester das

94

Kind sehen wollen, müssen sie auf uns zukommen.

Frau J.: Wir können sie schon auch mal in Genf besuchen, nur ist das mit einem Kind nicht so einfach.

Herr J.: Ja, aber es kann nicht so sein, dass wir immer zu ihnen fahren und sie nie zu uns kommen. Für das Kind ist das auch nicht gerade das Beste, so viel hin und her zu fahren. Das würde ich meiner Mutter schon klar machen.

RWE: *Sie haben sich entschieden, füreinander da zu sein; der wichtigste Mensch, der Ihnen emotional Stabilität verleiht, ist der Partner.*

Herr J.: Ja, ich habe meiner Frau schon gesagt, dass ich in Zürich bleibe. Sie hat öfters vorgeschlagen, dass wir auch im zweisprachigen Fribourg wohnen könnten, dann wären wir näher bei meiner Mutter. Aber daran habe ich kein Interesse. Zürich gefällt mir, ich bin hier sehr zufrieden.

RWE: *Meine letzte Frage betrifft Partnerschaft und Beruf. Wie werden Sie es in Zukunft mit der Balance zwischen Beruf und Beziehung schaffen?*

Frau J.: Zurzeit sind wir beide berufstätig. Mein Mann kommt viel früher heim als ich, also kann er schon einiges im Haushalt tun. Genauso wenn ich mal am Samstag arbeite, hat er nie etwas dagegen, die Hausarbeit zu übernehmen. Und ich streite mich darum gewiss nicht, den Haushalt darf er gerne machen.

RWE (zum Mann): *Und Haushalt heißt: Sie waschen und putzen?*

Herr J.: Ja, das muss ich sehr oft, denn sie arbeitet am Samstag. Klar schaue ich auch mal Fernsehen, aber irgendwann läuft eh nichts Interessantes mehr, dann schalte ich den Fernseher aus, schalte meine Musik ein und beginne aufzuräumen.

RWE (zur Frau):   *Und wenn sie heimkommen, ist alles gemacht?*

Frau J.:   Ja.

Herr J.:   Und zehn Minuten später ist alles wieder durcheinander (*lacht zu ihr hin*).

Frau J.:   Ich denke, wenn ein Kind da wäre, würde ich alles machen. Das wäre für mich keine Frage. Es ist doch logisch, dass ich, wenn ich zu Hause bin, den Haushalt übernehme.

RWE: *Sie haben als Paar die besten Voraussetzungen, jeder kümmert sich bereits um die Hausarbeit, Sie können diese flexibel verteilen.*

Frau J.:   Eine Freundin von mir hat einen Mann, der sie gar nicht unterstützt. Sie macht alles: Haushalt, dann als die Kinder kamen, wickeln usw.

Herr J.:   Wir wollen ein Kind zu zweit und nicht einer allein. Für mich ist klar, dass ich auch wickeln muss, in der Nacht mal nach dem Baby schauen... Wenn es weint, erwarte ich nicht, dass sie immer aufsteht.

RWE: *Ursprünglich kam ja die Idee, so früh zu heiraten, von Ihnen (zum Mann)?! Warum wollten Sie heiraten?*

Herr J.:   Ich weiß nicht, ich hatte einfach das Gefühl, das ist die Richtige.

Zusammenfassende Einschätzung

Bei diesem Paar ist es die Frau, die dem Mann zu verstehen gab, dass sie an ihm interessiert ist. Bei ihm stellte sich offenbar sehr schnell das Gefühl ein, dass sie die Richtige ist für ihn.

Als Paar haben sie übereinstimmende Ansichten, obwohl viele Themen von der Frau dominiert werden und er sich ihr gern anschließt – zum Beispiel bei der Frage, ob sie Kinder wollen, sagt sie sofort, dass das immer schon klar gewesen sei, dass sie Kinder haben wollen, und er bestätigt sofort mit seiner Antwort: Ja, das sei von Anfang an klar gewesen.

Sie sind sich einig, dass sie eine Familie gründen wollen, allerdings gilt es, den richtigen Zeitpunkt dafür zu finden. Dass die Frau ihre Weiterbildung beendet, steht auch für den Mann an erster Stelle, aber das unbeschwerte Reisen mit seiner Partnerin will er nicht missen und drückt dies auch aus. Weg von allen Familienansprüchen, das ist vorerst auch der Wunsch seiner Frau.

Als kleiner Junge hat er die Verantwortung für seine Mutter und Schwester übernommen, nachdem sein Vater die Familie verlassen hatte. Daher will er sich nicht wieder »anbinden«, sondern verständlicherweise zusammen mit seiner Frau den neu erworbenen Freiraum in Zürich genießen.

Das einzige Thema, das bei dem Paar unterschiedliche Reaktionen auslöst, ist der Seitensprung. Frau J. fühlt sich so sicher in ihrer Beziehung, dass ein Seitensprung sie zurzeit nicht wirklich verunsichert oder bedroht. Allerdings fände auch sie eine längere Außenbeziehung alarmierend und würde sie als Signal interpretieren, dass etwas in der Partnerschaft fehlt, dem müsste man nachgehen.

Herr J. findet einen One-night-stand »daneben«, und das hat seinen Grund: Sein Vater ist häufig fremdgegangen, als kleiner Junge hat Herr J. einen hohen Preis für das Verhalten seines Vaters bezahlt. So einer wie sein Vater möchte er nicht werden. Er will seine Partnerschaft keinesfalls aus purer Abenteuerlust oder purem Leichtsinn aufs Spiel setzen. Bei seiner Frau und ihrer Familie fühlt er sich sicher und willkommen. Diese emotionale Stabilität weiß er zu schätzen und er ist rundum zufrieden. Er will deshalb auch nicht mehr in die Nähe der Mutter übersiedeln, sondern in Zürich bleiben. Zürich bietet ihm eine hilfreiche Distanz, wo er sich nicht mehr in dem Einflussbereich seiner Mutter befindet und nicht ständig zwischen Frau und Mutter hin und her lavieren muss. Aber das war ein Entwicklungsprozess für das junge Paar, sich als Paar zu verstehen und zu etablieren. Zueinander zu stehen, sich füreinander und gegen die Einflüsse der Verwandtschaft zu entscheiden, scheint kein einfacher Prozess gewesen zu sein. Er ist in der Erinnerung der Frau noch lebendig, während er bei ihm weniger präsent ist. Sie ist offenbar stärker verletzt worden und hat vermutlich mehr gekämpft. Er ist aber fest entschlossen, an der neuen Lebenssituation festzuhalten und in Bezug auf seine Herkunftsfamilie nichts mehr zu verändern.

Auch in der Kinderplanung gibt es keinen Dissens. Und dort, wo Frau J. von ihrem Mann noch einmal hören will, dass er sie, wenn sie Kinder haben, nicht im Stich lassen würde, sagt Herr J. deutlich: »Wir wollen ein Kind zu zweit und nicht einer allein.«

Es ist zwar immer wieder die Frau, die die Führung übernimmt, aber er ist dabei kein Opfer. Man kann bei ihm allerdings auch vermuten, dass er deshalb nicht so schnell reagiert wie seine Frau, weil Deutsch eine Fremdsprache für ihn ist. Er widerspricht ihr kaum, sie sind sich in wesentlichen Punkten des Zusammenlebens einig, ohne dass sie lange darüber diskutieren müssen, obwohl sie das auch können. Beim Thema Treue zum Beispiel sind sie unterschiedlicher Meinung, äußern ihre Ansichten und hören einander dabei auch zu. Einen Seitensprung ihres Mannes kann Frau J. verzeihen. Herr J. ist bei diesem Thema weniger offen: Aus Sicherheit und dem Gefühl von Geborgenheit hat er sich für seine Frau und den von seiner Mutter entfernten Wohnort Zürich entschieden. Allerdings scheint dieser Entscheidung ein längerer, für die Frau schmerzhafter Prozess vorangegangen zu sein. Sie hat nicht vergessen, dass es für ihn nicht einfach war, sich aus der Umklammerung von Mutter und Schwester zu lösen. Er hat es dann aber deutlich gemacht, indem er zum Beispiel ihren Namen angenommen hat und bei der künftigen Familiengründung Verantwortung übernehmen möchte. Zwar ist seine Frau beruflich erfolgreicher als er, dafür ist er flexibel in seinem Rollenverständnis und nimmt ihr viel Arbeit im Haushalt ab.

Paar B. und F.

THEMA: Wir fühlen uns sicher miteinander

Frau F., 40 Jahre, ist als Erzieherin in einem Kindergarten tätig und mit Herrn B., 43 Jahre, einem Sozialpädagogen, verheiratet. Die beiden haben zwei Töchter, Rhea, geboren 2000, und Nora, geboren 2002.

Die Eltern von Frau F., die in der Nähe der jungen Familie wohnen und noch recht rüstig sind, passen auf die Töchter auf, wenn Frau F. und Herr B. arbeiten müssen. Frau F. hat bis vor Kurzem ungefähr 50 % gearbeitet, ihr Mann 70 % bis 80 %. In Zukunft arbeitet Frau F. aber nur noch einen Tag, Herr B. vier Tage in der Woche, dies ergibt zusammen nur noch 100 %.

Interview mit Paar B. und F.

RWE: *Wie verhält es sich bei Ihnen mit Beständigkeit und Verbindlichkeit?*

Herr B.:   Unsere Partnerschaft ist sehr verbindlich, wir sind seit sieben Jahren verheiratet, hatten aber vorher schon einen gemeinsamen Haushalt.

RWE: *Wie lange?*

Herr B.:   1993 sind wir zusammengezogen und 1997 haben wir geheiratet. Nach vier Jahren des Zusammenlebens haben wir uns entschieden, unserer Partnerschaft mehr Verbindlichkeit zu geben, und haben geheiratet. Eine verbindliche Beziehung zu leben, ist das, was wir auch für die Zukunft planen.

RWE: *Wie ist dies für Sie?*

Frau F.:   Für mich ebenfalls. Gerade in letzter Zeit habe ich im Zusammenhang mit Paaren aus dem weiteren Bekanntenkreis, die sich trennen, gemerkt, dass ich mir auch eine verbindliche Zeit mit meinem Mann wünsche, wenn die Kinder aus dem Haus sind. Ich freue mich schon jetzt über die Dinge, die wir dann zusammen machen können. Die Kinder verbinden uns momentan sehr stark, aber es wird irgendwann ein Leben ohne sie geben.

RWE: *Wann wird dies etwa sein?*

Frau F.: Das weiß ich noch nicht genau. Ich denke, die Ablösung hat bereits begonnen.

RWE: *Wie lange rechnen Sie, dass die Kinder noch zu Hause sein werden?*

Herr B.: Unsere Familienplanung ist noch nicht ganz abgeschlossen. Wir möchten gerne noch ein Kind, vielleicht sogar zwei. Dadurch rechnen wir mit einem Zeithorizont von 18 bis 20 Jahren.

RWE: *Gibt es in der einen oder anderen Familie Zwillinge?*

Frau F.: Nein.

RWE: *Wann denken Sie etwa, dass Sie noch ein Kind haben werden? Jetzt haben Sie einen zweijährigen Abstand zwischen den Kindern.*

Herr B.: In ca. zwei Jahren.

RWE: *Dann sind das Zusammenbleiben und die Beständigkeit eine wichtige Orientierung für Sie. (Frau nickt) Was für Vorstellungen haben Sie bezüglich der gemeinsamen, aber auch der individuellen Entwicklung?*

Frau F.: Mich dünkt, dass wir momentan neben dem Alltagstrott die Vorstellung haben, dass jeder für sich noch mehr Zeit haben muss.

RWE:	*Diese Zeit fehlt?*
Frau F.:	Ja.
Herr B.:	Bevor die Kinder auf die Welt kamen, als wir bereits zusammen waren, lief die persönliche Entfaltung über die Aus- und Weiterbildung. Dies war ein starkes Element in unserer Beziehung, doch nun ist es gänzlich weggefallen. Die persönliche Entfaltung bleibt auf der Strecke.
RWE:	*Dies wird noch längere Zeit so bleiben?*
Herr B.:	Ja, wir sagen beide, dass wir zu wenig Zeit füreinander haben, oder auch jeder für sich selbst. Trotzdem engagieren wir uns beide sogar ehrenamtlich außerhalb der Familie und sind mit diversen Projekten beschäftigt.
RWE:	*In der Gemeinde?*
Herr B.:	Ja, in der Gemeinde und überregional.
RWE:	*Haben diese Projekte mit Ihrem Beruf zu tun?*
Herr B.:	Nein.
Frau F.:	Nein, sondern mit der Kirche, Politik, Familie.
RWE:	*Wie ist Ihre Wohnsituation?*
Herr B.:	Wir leben in einem Städtchen mit knapp 6000 Einwohnern.
RWE:	*Wo jeder jeden kennt?*
Herr B.:	Ja, wir haben gute Kontakte zu jungen Familien in ähnlichen Situationen. Da entstehen Vernetzungen und gemeinsame Interessen, wofür wir uns auch einsetzen.
RWE:	*Sind Sie beide in K. aufgewachsen?*
Frau F.:	Nein, nur ich bin in K. aufgewachsen.
Herr B.:	Es war eine reine Vernunftentscheidung, nach X. zu ziehen. Meine Frau hatte dort ein Job-Ange-

bot, ich war noch in der Ausbildung. Also sind wir nach X. gezogen und dort geblieben.

RWE: *Ist Ihre politische Arbeit eine Teilzeitbeschäftigung?*

Frau F.: Bei mir ist sie eher projektorientiert, zum Beispiel habe ich bei der Gründung eines Frauenforums mitgewirkt. Mein Mann ist stärker engagiert.

RWE: *In einer Behörde oder einer Partei?*

Herr B.: In einer Partei.

RWE: *Wie viel Zeit nimmt dies in Anspruch?*

Herr B.: Dies ist sehr unterschiedlich, aber auf jeden Fall weniger als 6 %.

RWE: *Aber es könnte mehr werden?*

Herr B.: Vom Interesse her ist es durchaus möglich.

RWE: *Wie sieht Ihre Berufsorientierung aus?*

Herr B.: Für mich ist die berufliche Arbeit eine sehr starke Motivation, ich könnte es mir nicht vorstellen, 100 % zu Hause zu sein. Die Verbindung von Beruf und Familie ist für mich wichtig. Nur drei Tage zu arbeiten wäre für mich zu wenig, 70–80 % sind für mich optimal.

RWE: *Wie sieht es bei Ihnen aus?*

Frau F.: Ich glaube, dass ich mich in den letzten ein bis zwei Jahren etwas übernommen habe. Aber ich brauche die berufliche Bestätigung auch.

RWE: *Wie sieht es finanziell aus, kommen Sie mit dem Geld aus?*

Herr B.: Ja, von der Ausbildung her befinden wir uns in einem Lohnsegment, wo wir unseren Ansprüchen gerecht werden können.

RWE: *Das berufliche Vorankommen ist Ihnen wichtig,*

103

jedoch nicht auf Kosten der Familie und der Gesundheit, sehe ich das richtig?

Frau B.: Ja.

RWE: *Was halten Sie von Treue in der Beziehung?*

Frau F.: Dies spielt sich auf zwei Ebenen ab: auf der Kopfebene, wo ich denke, dass es irgendwie möglich sein muss, und auf der Bauch- und Herzebene, wo ich befürchte, dass ich sehr verletzt wäre. Angst habe ich überhaupt keine.

Herr B.: Auch ich habe überhaupt keine Angst. Aber Treue hat für mich einen sehr hohen Wert.

RWE: *Ein Treuebruch hätte tief greifende Folgen?*

Herr B.: Ja, das würde bei mir zu einer größeren Krise führen.

RWE: *Und bei Ihnen?*

Frau F.: Ja, ich wäre extrem verletzt. Ich befasse mich ab und zu mit dem Thema, vor allem über die Erfahrungen von Bekannten, oder wenn ich mitbekomme, wie es in anderen Kulturen zugeht.

Herr B.: Ja, vor allem, da wir jetzt die ersten Freunde haben, die sich trennen. Zuvor war das Thema nicht brisant.

RWE: *Wenn Sie keine freie Liebe oder unverbindliche Beziehung wünschen, welche Bedeutung haben dabei die Kinder? Sind die Kinder der wichtigste Grund, oder ist es eher Ihre eigene Einstellung zueinander?*

Frau F.: Primär die eigene Einstellung. Gewiss ist eine Trennung für Kinder immer schmerzhaft, aber sie würden es verkraften. Grundsätzlich sind die Kinder nicht der Grund, weshalb wir zusammenbleiben.

Herr B.:	Ich denke, die Kinder sind ein wichtiger Faktor, aber nicht der wichtigste. Auf der einen Seite sind es die Kinder, auf der anderen Seite die Wertvorstellungen.
RWE:	*Wie viel hat dies mit Ihrer kirchlichen Zugehörigkeit zu tun?*
Herr B.:	Ich bin katholisch erzogen worden, glaube jedoch nicht, dass das einen Einfluss hat.
Frau F.:	Geprägt hat es dich aber bestimmt.
RWE:	*Treue ist eine Bedingung der Liebe oder die Liebe Bedingung der Treue? (beide nicken) Sie erwähnten auch, dass Bekannte, die sich trennen, für Sie eher ein Schock sind und nichts Alltägliches*?!
Frau F.:	Ja.
Herr B.:	Es heißt, zwei von fünf Ehen werden geschieden. Wir haben so viel mit Familien zu tun, mit Freunden, die verheiratet sind und Kinder haben. Bislang war uns dies nicht bewusst, aber plötzlich ist das Thema sehr aktuell.
RWE:	*Wie sind Sie davon berührt, wie nehmen Sie in einer Freundschaft Stellung?*
Frau F.:	Mich betrifft dies nicht so sehr wie meinen Mann. Die Personen, die ich kenne, gehören nicht zu unserem näheren Bekanntenkreis.
Herr B.	In der einen Beziehung, wo ich Patenonkel von einem der Kinder bin, dessen Eltern sich trennen, belastet es mich sehr. Ich habe gemerkt, dass ich einen eigenen Weg finden muss, damit ich die Beziehung zu meinem Patenkind pflegen und stärken kann. Darum kann ich nicht Partei ergreifen.

RWE:	*Ist es schwierig?*
Herr B.:	Ja sehr.
RWE:	*Sie erwähnten, dass Sie mit anderen gleichaltrigen Paaren viel Kontakt haben. Sprechen Sie mit ihnen über Ehebruch und Trennung?*
Frau F.:	Nur mit wenigen.
Herr B.:	Nur mit unseren besten Freunden.
RWE:	*Die Vorstellung, eine Paarbeziehung mit Kindern sei schöner, ist auch bei Ihnen sehr stark verankert. Hat dies mit Ihren Herkunftsfamilien zu tun?*
Frau F.:	Ja sicher, ich bin die älteste von fünf Geschwistern. Für mich ist es völlig normal: ein großer Tisch, viele Menschen um einen herum, Aktivität. Dies ist eine gute Form zu leben.
RWE:	*Wie sieht es bei Ihnen aus?*
Herr B.:	Ich bin der Jüngste von vier Kindern, der Querkopf.
RWE:	*Wie ist ihr Verhältnis zu Ihrer Familie?*
Herr B.:	Ich bin zwar Patenonkel vom einzigen Sohn meiner Schwester. Aber zu meinen Geschwistern habe ich keinen intensiven Kontakt.
RWE:	*Gibt es einen Grund?*
Herr B.:	Ich denke, wir haben uns auseinander gelebt.
RWE:	*Von der Lebensweise her?*
Herr B.:	Von der Lebenssituation, den Werten, der beruflichen Situation her – ich bin der »Exot der Familie«.
RWE:	*Was haben Sie ursprünglich gelernt?*
Herr B.:	Ich habe an der Uni Zürich studiert und bin Umweltwissenschafter, aber ich habe von der Umwelt zum Menschen gewechselt.
RWE:	*Hat die Familie das verstanden?*

Herr B.:	Nein, als Ingenieur hätte ich einen höheren Status gehabt.
RWE:	*Was sagen Ihre Angehörigen zur Sozialpädagogik?*
Herr B.:	»Schließlich hast Du nur noch mit den Asylanten zu tun«.
RWE:	*Dann ist ihre Familie eher konservativ?*
Herr B.:	Nein, das hängt wohl eher mit ihrem Alter zusammen. Meine Eltern sind beide bereits seit zehn Jahren pensioniert. Sie können es nicht recht verstehen, dass ich nach der Erstausbildung nochmals einen Wechsel vorgenommen und eine Zweitausbildung gemacht habe.
RWE:	*Wie wurden Sie von seiner Familie aufgenommen?*
Frau F.:	Sehr gut.
RWE:	*War er da bereits Sozialpädagoge?*
Frau F.:	Nein, Umwelt-Ingenieur. Ich glaube dein Vater hätte es bevorzugt, wenn du Ingenieur geblieben wärst. Ich bin herzlich aufgenommen worden, bin aber in den letzten Jahren etwas angeeckt. Ich weiß, dass ich deine Angehörigen verschiedentlich verletzt habe.
RWE:	*Verletzt mit Ihrer Gradlinigkeit?*
Frau F.:	Ich denke ja. Ich glaube, in seiner Familie spricht man nicht so direkt.
Herr B.:	Meine Familie ist sehr traditionell.
RWE:	*Traditionell in Bezug auf das, was die Beziehung zwischen Mann und Frau angeht?*
Herr B.:	Ja, die Rollenverteilung war bei ihnen klassisch: Der Mann geht arbeiten, die Frau bleibt zu Hause.

Frau F.: Deine Eltern versuchen sehr stark, dich und deine Geschwister zusammenzuhalten, aber es gelingt ihnen nicht. Bei beiden Kindern haben wir keine Paten aus seiner Familie gewählt. Dies wurde mir dann immer vorgeworfen.

RWE: *Wie stehen Ihre Eltern dazu, dass Sie eine eher unkonventionelle Rollenverteilung leben?*

Frau F.: Meine Eltern verstehen dies gut. Sie haben große Achtung davor, wie wir das bewerkstelligen.

RWE: *Und bieten deshalb auch gerne Unterstützung an?*

Herr B.: Ja, ganz klar.

Frau F.: Meine Mutter hat mir schon immer gesagt: »Geh arbeiten!«

RWE: *War sie ebenfalls berufstätig?*

Frau F.: Nein.

RWE: *Wahrscheinlich wäre sie es gerne gewesen?*

Frau F.: Ja, meine Mutter war mit Leib und Seele Krankenschwester. Für sie war es sehr hart, den Beruf aufgeben zu müssen.

RWE: *Die Unterstützung, die Ihnen seitens der Eltern zuteil wird, hat sie etwas mit dem Respekt vor Ihrer Arbeit oder eher mit der Liebe zu den Kindern zu tun?*

Herr B.: Ich denke, sie unterstützen uns vor allem aus Liebe zu den Enkeln, aber natürlich auch aus Respekt vor unserer Arbeit. Familie und Beruf zu kombinieren, ist für uns sehr wichtig, und dies finden meine Schwiegereltern gut.

Frau F.: Ich empfinde dies sehr stark, wenn ich mich mit meiner Schwester vergleiche. Sie lebt das Gegenteil von uns.

RWE:	*Wie?*
Herr B.:	Der Mann arbeitet, die Schwester ist zu Hause.
Frau F.:	Für den Mann, der aus Ex-Jugoslawien kommt, ist dies von seiner Kultur her ganz klar so geregelt.
Herr B.:	Deine Eltern sind von deiner Schwester etwas enttäuscht. Sie hat nämlich auch eine sehr gute Berufsausbildung, die nun brach liegt.
RWE:	*Gemeinschaft und die Individualität sind für jedes Paar wichtig. Sobald Kinder kommen, bestätigen viele Paare, dass für die Gemeinschaft eher die Frau zuständig ist, während der Mann sich traditionell auf die Berufswelt konzentriert. Was sagen Sie dazu? (Frau F. lacht)*
Herr B.:	Momentan sieht es bei uns auch eher traditionell aus. Bis vor Kurzem war ich anderthalb Tage zu Hause, jetzt verbringe ich nur noch einen Tag mit den Kindern, aber ich habe mich nie als Babysitter erlebt, sondern immer Hausarbeit übernommen, damit mich die Kinder auch in dieser Rolle sehen. Mir ist das wichtig, dass mich die Kinder als Hausmann erleben können.
RWE:	*Was machen Sie dann?*
Herr B.:	Waschen, entsorgen, reparieren, kochen, alle Bedürfnisse abdecken, die zwei Kinder haben.
RWE:	*Wenn Sie nach Hause kommen, herrscht keine Unordnung im Haushalt?*
Frau F.:	Nein.
RWE:	*Ich höre von jungen Menschen mit progressiven Arrangements, wie Sie es haben, dass Paare, die sagen, es gebe nicht genügend Krippenplätze, eine Entschuldigung brauchen, damit sie in den alten Mustern weiterleben können.*

Herr B.:	Ja, dies erlebe ich genauso!
Frau F.:	Ich denke, dass dieses Thema auch eine emotionale Komponente beinhaltet. Für mich ist es weniger einfach, das Haus zu verlassen als für meinen Mann, obwohl es mir einfach gemacht wird, da am Morgen alle noch schlafen und ich kein Kind wegbringen muss, aber emotional ist es schwierig. Ich bin auch diejenige, die öfters anruft, weil ich den Kontakt und das Gefühl von Sicherheit, dass alles gut geht, brauche. Es hat mit emotionaler Bindung zu tun.
RWE:	*Mit Bindung?*
Herr B.:	Ja, mit starker Bindung. Für mich ist es einfacher, das Haus zu verlassen.
RWE:	*Ohne schlechtes Gewissen?*
Herr B.:	Ja, aber ich glaube, du hast auch kein schlechtes Gewissen.
Frau F.:	Nein, ein schlechtes Gewissen habe ich nicht. Ich merke, dass das Loslassen schwieriger ist.
Herr B.:	Meine Entscheidung, Sozialpädagogik zu studieren, stand auch damit in Verbindung, in Zukunft reduziert arbeiten zu können.
RWE:	*Geht dies als Ingenieur nicht?*
Herr B.:	Nur wenn man als Selbstständiger in einem Architektur- oder Umweltberatungsbüro arbeitet. In der klassischen beruflichen Welt ist dies undenkbar. Ich möchte nicht mehr tauschen, im Gegenteil: Ich kann mir vorstellen, auch einmal drei Tage zu Hause zu bleiben.
RWE:	*Was meinen Sie, weshalb kehren so viele Paare zur traditionellen Rolle zurück?*
Herr B.:	Bestimmt ist es einfacher in der herkömmlichen

Art und Weise zu leben. Für den Mann ist die Identifikation über den Beruf sicher nach wie vor sehr markant. Auch ich erfahre Anerkennung hauptsächlich über meinen Beruf. Ich glaube nicht, dass mangelnde Krippenplätze ausschlaggebend sind, da ich erlebe, dass junge Familien sehr kreativ in der Betreuung der Kinder sind. Viele springen füreinander ein. Solche Initiativen könnten auch institutionalisiert werden.

RWE: *Man könnte also sagen, es gibt einen emotionalen und einen bequemen Aspekt. Man lebt ein traditionelles Modell, schimpft ab und zu darüber, bevorzugt es aber trotzdem?*

Frau F:. Wir kennen Paare, für die dies hundertprozentig stimmt. Wir kennen jedoch auch Paare, die unzufrieden mit ihrer Situation sind und uns sagen, wir hätten es gut.

Herr B.: »Mein Mann kann den Haushalt nicht schmeißen«, sagen viele Frauen. Das stimmt vielleicht in einigen Fällen, aber auf der anderen Seite geben die meisten Frauen die Verantwortung nicht gern ab. Wenn der Mann die Hausarbeit erledigt, macht er das halt anders und damit tun sich manche Frauen schwer.

RWE: *Sind Ihre Eltern zufrieden mit Ihrem Angebot an Kontakt, oder möchten sie mehr?*

Herr B.: Meine Mutter ist nicht zufrieden damit. Sie hat den Eindruck, damit Kontakt möglich ist, sollte ihr Sohn mit seiner Familie zu ihr kommen. Ich aber finde, wenn sie die Beziehung zu uns und zu den Enkeln sucht, muss sie auch aktiv werden.

Sie ist absolut inaktiv, und damit haben wir ein Problem.

RWE: *Und der Vater?*

Herr B.: Für ihn spielt es keine Rolle, ob er die Kinder zwei Wochen oder zwei Monate nicht sieht.

RWE: *Er wartet auch auf Ihre Initiative?*

Herr B.: Ja, er unternimmt nichts.

RWE: *Auch bei den anderen Enkeln?*

Herr B.: Da ist es einfacher, weil meine Schwester mit ihrer Familie im gleichen Haus wohnt. Wir sind weiter weg und es wird von uns erwartet, dass wir zu ihnen kommen.

RWE: *Wie ist es mit Ihren Eltern?*

Frau F.: Es war eine spezielle Situation, wir waren manchmal etwas bedrückt. Ich habe die Kinder zu ihnen gebracht und bin arbeiten gegangen. Abends haben sie die Kinder gebracht und manchmal mit uns noch einen Kaffee getrunken. Wir hatten immer den Eindruck, ihr Interesse gilt nur den Kindern.

Herr B.: Manchmal haben wir darüber gespottet und gesagt, wir könnten die Kinder in den Hauseingang stellen und sofort wieder gehen.

RWE: *Und sie wären damit zufrieden?*

Herr B.: Ja, genau. Wir hatten den Eindruck, dass Einladungen nicht mehr nötig sind, da wir uns so regelmäßig sehen. Früher luden wir einander ein, nun aber nicht mehr. Hier empfinde ich es ebenfalls so: Telefonisch haben wir zwar einen intensiven Kontakt, aber *wir* müssen die Initiative ergreifen, immer.

Frau F.: Meine Eltern melden sich, wenn sie etwas haben oder brauchen.

RWE: *Die Großeltern sind also auf die Enkelkinder fixiert. Am Leben des jungen Paares wollen sie nicht teilnehmen…*

Frau F.: Höchstens bei Veränderungen oder Fragen im Beruf, oder wenn sie die Kinder beaufsichtigen, erfahren sie am Rande, dass wir dies oder jenes unternehmen.

Herr B.: Ihr Interesse gilt jedoch den Enkelkindern, mit denen sie gerne viel Zeit verbringen. Es ist ihnen weniger wichtig, dass wir etwas in der Zwischenzeit gemeinsam unternehmen.

RWE: *Das Interesse am Lebensinhalt der jungen Paare fehlt oft bei den Eltern. Die Eltern sind erstaunt, was die jungen Paare alles machen, fragen jedoch nicht nach?*

Frau F.: Dies kann ich bestätigen.

RWE: *Haben die Eltern Ihre Hochzeit mitfinanziert und mitgeplant?*

Herr B.: *(beide lachen)* Weder geplant, noch finanziert, aber sie haben mit uns gefeiert.

Frau F.: Wir haben uns sehr frei in der Gestaltung gefühlt.

Herr B.: Wir hatten eine unkonventionelle Hochzeit.

RWE: *In welchem Sinn?*

Herr B.: Wir haben nicht in der Kirche geheiratet. Wir haben das »Kirchgemeindehaus« gemietet und im Meditationsraum geheiratet. Das Fest fand von Samstag auf Sonntag statt, inklusive Übernachtung, weil wir mit den geladenen Gästen sehr eng zusammen feiern wollten.

RWE: *Waren dies vor allem Freunde?*

Herr B.:	Ja, Freunde und der engere Familienkreis. Gewisse Verwandte, zum Beispiel Onkel und Tanten meiner Mutter, haben wir nicht eingeladen. Wir wussten genau, wen wir an unserem Fest dabei haben wollen. Auch die Planung des Festes lag bei uns. Es wäre für mich fremd gewesen, wenn sich die Eltern daran finanziell beteiligt hätten.
RWE:	*Haben sich die Eltern mit der Idee, dass es nicht ein traditionelles Hochzeitfest war, versöhnt?*
Frau F.:	Ja, grundsätzlich war dies nie ein Problem.
Herr B:	Es gab auch nie die Frage, weshalb du nicht in Weiß geheiratet hast. Sie hätten es wahrscheinlich eher als befremdlich empfunden, wenn wir »traditionell« geheiratet hätten.
RWE:	*Weihnachten ist immer noch ein Fest der Familie, wie betrachten Sie es?*
Herr B.:	Diese Hürde haben wir bereits in den ersten Jahren unseres Zusammenlebens genommen. Wir hatten uns entschieden, dass wir Weihnachten zusammen in der eigenen Wohnung mit dem eigenen Christbaum feiern wollen. Dies teilten wir beiden Elternpaaren mit.
RWE:	*Haben Sie die Eltern dazu eingeladen?*
Frau F.:	Nein.
Herr B.:	Nein, der 24. ist unser Abend. Wir sind am 25. Dezember offen für Besuche. Es gab diesbezüglich nie Diskussionen. Wir haben auch immer wieder neue Formen gesucht: Einmal haben wir z. B. die ganze Familie zu einem Brunch an Weihnachten eingeladen, aber nicht am 24.
RWE:	*Wie geht es den beiden Eltern in der eigenen Paarbeziehung?*

Herr B.:	Für meine Eltern ist die Treue sicher ein zentraler Begriff. Sie haben sich jedoch nicht mehr viel zu sagen, ich spüre keine Wärme mehr zwischen ihnen, es ist eiskalt. Sie haben keine Gemeinsamkeiten.
RWE:	*Gehen sie nicht mehr miteinander aus?*
Herr B.:	Sehr selten. Die Möglichkeit, den gemeinsamen Lebensabend zu gestalten, wird nicht genutzt.
RWE:	*Wie steht es bei Ihren Eltern?*
Frau F.:	Momentan sehr gut. Sie haben eine etwas schwierige Zeit hinter sich, wobei ich meine Eltern als Paar in Erinnerung habe, das einen schönen und respektvollen Umgang miteinander pflegt. Momentan sind sie auf sich als Paar fixiert, sie haben gemeinsame Interessen und unternehmen viel.
RWE:	*Haben Sie ein positives Gefühl für Ihre eigene Entwicklung?*
Frau F.:	Ja, ich habe ein sehr gutes Gefühl.
Herr B.:	Wir müssen daran arbeiten, aber wir sind dazu in der Lage, im Gegensatz zu meinen Eltern.

Zusammenfassende Einschätzung

Bei der Frage nach Beständigkeit und Verbindlichkeit ergreift Herr B. als Erster das Wort. Seine Antwort kommt ohne Zögern und macht klar, dass das Paar über diese Frage bereits nachgedacht hat. Sie haben ihre Verbindung öffentlich gemacht und sich durch die Heirat eine Struktur gegeben, die ihnen in ihrem Zusammenleben hilft. Verbindlichkeit ist ihr Programm, auch für die Zukunft.

Die Trennungserfahrungen von Bekannten lösen bei der

Frau Gedanken darüber aus, was sie und ihren Mann verbindet und was sie dereinst mit ihrem Mann tun möchte, wenn die Kinder ausgezogen sind. Es wird noch ein anderes Leben als das Familienleben, das sie derzeit leben, geben und darauf ist sie gespannt. Er ist für sie nach wie vor ein interessanter und verlässlicher Partner.

Beide sind sich dessen bewusst, dass sie jetzt in einer besonderen Phase leben, in der gewisse Dinge, die sie vor den Kindern gelebt haben und später wieder zu leben gedenken, zur Zeit auf der Strecke bleiben. »Einander mehr Zeit geben« wird mit »Zeit für sich selbst haben« gleichgesetzt; persönliche Entfaltung mit Zeit füreinander sind gleichwertig. Das Paar scheint in vielem übereinzustimmen, gleiche Werte und Ziele zu haben. Gemeinnützige Engagements sind ihnen so wichtig, dass sie in Kauf nehmen, dass die gemeinsame Zeit zu kurz kommt.

Was das Thema Treue angeht, sind sie zwei moderne Menschen, die denken, dass mehrere Beziehungen eigentlich möglich sein sollten, in fremden Kulturen gibt es das auch, die aber auch dazu stehen, dass ein Treuebruch für sie doch sehr verletzend sein würde. Zurzeit sind dies aber Gedankenspielereien, ausgelöst vor allem durch Erfahrungen mit Freunden. In ihrer Realität als Paar mit Kindern, das Vorstellungen von einer gemeinsamen Zukunft mit traditionellen Werten hat, fühlen sie sich sicher. Frau F. und Herr B. erleben ihre Beziehung als Ort emotionaler Stabilität. Auf diesem sicheren Boden planen sie weitere Kinder, teilen sich Berufs- und Familienarbeit, unterstützen sich gegenseitig. Die Frau kann sich, selbst nach elf Jahren Zusammenleben, für ihren Mann und eine gemeinsame Zukunft mit ihm nach der Kinderphase begeistern.

Gemeinsam geteilte Werte, die Bereitschaft, vorübergehend Wünsche nach persönlicher Entfaltung für Familie und Gemeinwesen zurückzustellen, zeichnet sie aus. Es bleibt zu hoffen, dass sie merken, wann sie sich zugunsten ihrer Paarbeziehung Zeit nehmen müssen.

Paar O.

THEMA: Der Umgang mit Tabus in der Familie.
Unterschiede in Herkunft, Verhaltensmuster und
Konfliktbewältigungsstrategien

Herr O., 45 Jahre, ist diplomierter Landwirt, aber derzeit in der Vermittlung von Sanitär-Artikeln tätig. Davor hat er 22 Jahre lang als Landwirt auf dem Hof seiner Eltern gearbeitet; er hatte den Hof von ihnen gepachtet, bis ihn der Bruder, von Beruf Elektriker, überschrieben bekam. Als Nachzügler, meint Herr O., wäre sein Bruder immer schon der Liebling der Eltern gewesen. Herr O. tröstet sich damit, dass es in der Landwirtschaft in den letzten zehn Jahren enorme Einkommensverluste gegeben hat, aber im Grunde wäre er gern auf dem Bauernhof geblieben. Heute leben er und seine Frau, 43 Jahre, im Elternhaus der Frau in S., ein Dorf zwar, doch liegt ihr Haus an einem schönen, ruhigen Ort mit Seeblick, auf einer Anhöhe im Grünen. Frau O. hat noch zwei Schwestern, nach dem Tod des Vaters war ihrer Mutter der Hof zu groß, sodass sie ihn der jungen Familie der Frau O. überließ und in eine Mietwohnung ins Dorfzentrum von S. umgezogen ist.

Frau O. hat eine kaufmännische Lehre absolviert und danach in einem Büro gearbeitet; eine Ausbildung zur Krankenschwester hat sie auch hinter sich gebracht. Und um auf dem Bauernhof ihres Mannes mithelfen zu können, hat sie zusätzlich, zwei Jahre lang die Bäuerinnenschule besucht und die Meisterprüfung abgelegt.

Sowohl Herr O. als auch Frau O. haben sehr gern in der Landwirtschaft gearbeitet, mussten sich aber, als sie den Hof nicht mehr weiter pachten konnten, umorientieren. Die beiden haben fünf Kinder, einen Sohn und vier Töchter: Die älteste Tochter ist am 29. November 1993 geboren, dann kam Christoph am 10. März 1995, dann Chantal am 10. Juli 1996, dann Michèle am 3. Februar 1998, dann Pascale am 18. September 1999. Zum Zeitpunkt dieses Gesprächs gehen die drei älteren Kinder zur Schule, ein Kind in den Kindergarten und das jüngste Kind ist noch zu Hause, kommt aber auch bald in den Kindergarten.

Interview mit dem Paar O.

RWE: *Sie haben mir bereits telefonisch mitgeteilt, dass Sie Erziehungsprobleme haben.*

Frau O.:   Ja, aber wir haben auch auf der Paarebene Probleme, was womöglich daran liegt, dass wir verschiedene Ansichten und Einstellungen von der Herkunftsfamilie her haben.

RWE: *Einfach verschiedene Vorstellungen?*

Frau O: Ja, aber auch verschiedene Verhaltensmuster.

RWE: *Wie kamen Sie auf die Idee, dass Sie eine Therapie machen wollen?*

Frau O.:   Beratung ist doch für Sachen, die nicht verarbeitet sind. Das merke ich als Frau und Mutter, dass bei uns noch Verschiedenes vorhanden ist. Ich spüre es! Die Hofgeschichte mit seinen Eltern belastet uns, mein Mann war auch schon bei einer Erwachsenenpsychiaterin und hat sich beraten lassen.

Herr O.:   Ja, es war eine unglaubliche Kränkung, die wir durch meine Familie erlitten haben. Das war auch nicht die einzige Verletzung.

Frau O.   Es war sehr verletzend, das muss ich auch sage. Ich gehöre nicht direkt zur Familie, ich bin ja nur die Schwiegertochter, aber da gab es zum Teil richtige Zwangshandlungen, die mein Mann bei der Psychiaterin nicht thematisieren konnte. Wenn wir aber jetzt zusammen eine Therapie anfangen, dann kommt das vielleicht alles zum Vorschein.

RWE: *Ich werde Ihnen zunächst ein paar allgemeine Fragen stellen. Wie würden Sie Ihre Beziehung beschreiben? Sie haben, soweit ich vernommen habe, relativ traditionelle Muster mitbekommen.*

Frau O.:   Ja, wir kommen aus traditionellen Familien, das Traditionelle gibt einem eine gewisse Sicherheit. Und das Moderne muss man selber ausprobieren und locker angehen.

RWE: *Das Moderne ist etwas unsicher?*

Frau O.:   Ja, unsicher. Wir sind momentan eher traditionell, weil im Moment nur mein Mann auswärts arbeitet. Er verdient das Geld. Wobei es schon länger unser Thema ist, dass ich einen Tag oder anderthalb Tage arbeiten gehe und er an den Tagen zu Hause bleibt.

RWE: *Würden Sie dann als Krankenschwester arbeiten?*

Frau O.:   Ja, im sozialen Bereich.

Herr O.:   Mit Behinderten zum Beispiel.

RWE: *Ja, das wäre eine flexible Lösung.*

Herr O.:   Das käme allen zugute. Das Familienleben ist für einen Mann auch spannend.

Frau O.:   Der Unterschied zwischen mir und meiner Mutter ist, dass ich viel emanzipierter bin als sie und ich thematisiere das auch.

Herr O.:   Meine Frau geht manchmal zur Abwechslung

Tennis spielen und ist auch schon zwei oder drei Wochen allein verreist. In ihrer Abwesenheit habe immer ich mich um die Kinder gekümmert.

RWE: *Das ist modern.*

Herr O.: Ja, sie kann dann auch loslassen.

RWE: *Und Sie können sich dann tief in die Familienarbeit hinein begeben?*

Herr O.: Ja.

RWE: *Sind Sie davon auch überzeugt, dass das moderne ein gutes Modell ist?*

Frau O.: Auf jeden Fall. Nur denke ich, wir haben manchmal kleine Auseinandersetzungen, weil ich zu emanzipiert bin. Theoretisch ist er auch modern eingestellt, aber praktisch weniger, dann geraten wir aneinander.

Herr O.: Ich habe ja einen großen Sprung machen müssen: Ich stamme aus einer sehr traditionellen Familie mit Alpwirtschaft im Berggebiet, meine Mutter war nicht gerade emanzipiert und mein Vater war ein regelrechter Patriarch. Ich habe einige Schritte in die richtige Richtung vollzogen und ich bin auch bereit, noch mehr an mir zu arbeiten. Das ist wirklich so!

RWE: *Auch Leute aus städtischen Verhältnissen haben das Problem, dass sie theoretisch darin übereinstimmen, dass beide gleichberechtigt sind, aber in Wirklichkeit muss der Mann auswärts arbeiten und das Geld verdienen, während der Haushalt, die Familie und die Orientierung auf das Gemeinsame dann doch bei den Frauen liegt.*

Herr O.: Man ist im Beruf gefordert und muss viel geben, und wenn ich abends nach Hause komme, essen wir gemeinsam, meist bringe ich frisches Vollkornbrot mit. Sieben Uhr sind wir mit dem Essen fertig, sodass meine Frau eine Stunde »TV aktuell« und die Tagesschau verfolgen kann.

RWE: *Jeder sollte für sich einen kleinen Freiraum haben, aber in erster Linie muss jeder für die Familie verantwortlich sein?!*

Frau O.: Ja.

RWE: *Ist das bei Ihnen auch so?*

Herr O.: Ja, schon. Als wir in der Landwirtschaft tätig waren, war das Familienleben mit den Kindern leichter. Aber die Situation hat sich jetzt sehr verändert. Die Kinder gehen schon zur Schule, wir haben im Grunde nur noch zwei Kinder, aber es ist gut so. Und es ist für die Kinder auch eine Chance.

RWE: *Ja, die Kinder erziehen sich auch ein Stück weit selber. Ich komme auch aus einer großen Familie.*

Herr O.: Ja, das kann auch ein großer Vorteil sein, sie lernen von früh an mit Konkurrenzkämpfen umzugehen.

RWE: *Das ist ein Vorteil, denn so ist es in der Welt.*

Frau O.: Jedes Kind hat seine Bedürfnisse, das eine macht Sport, das andere will was anderes machen. Das müssen wir alles relativ gut absprechen und im Stande sein, Kompromisse zu schließen.

Herr O.: Ich fahre gern spontan eine Stunde mit dem Fahrrad nach R. und wieder zurück. Aber wir unternehmen in der Freizeit auch viel zusammen: Karnevalsumzüge, Wanderungen und kleinere Bergtouren mit Picknick.

Frau O.: Ja, auch in Ausstellungen gehe ich gern, wenn es für die Kinder interessant ist.

Herr O.:   Was ich am Sonntag noch gern erlebe, ist eine »Stubete«. Früher nahm ich die Kinder mit, aber jetzt wollen sie nicht mehr mitkommen.

RWE: *Stubete?*

Herr O.:   Volksmusik.

RWE: *Machen Sie auch Musik?*

Herr O.:   Nein, ich höre nur zu, zum Selber-Spielen bin ich zu wenig motiviert, und als ich jung war, hatte ich keine Gelegenheit.

RWE: *Gab es viel Volksmusik dort, wo Sie aufgewachsen sind?*

Herr O.:   Ja, wir hatten nur kaum Zeit dafür, der Sonntag war viel zu kurz in der Landwirtschaft.

RWE: *Klar, morgens und abends war man im Stall.*

Herr O.:   Das habe ich erst später gemerkt, dass das meiner Seele und dem Herzen gut getan hat.

RWE: *Morgen wird eines Ihrer Kinder gefirmt, oder ist es die erste Kommunion?*

Frau O.:   Ja, ein ganzer Tag für die erste Kommunion.

RWE: *Von der Ältesten?*

Frau O.:   Nein, vom Zweitältesten, vom Jungen.

RWE: *Und sind Sie da einbezogen in der Kirche? Oder gehen Sie nur wegen der Kinder?*

Frau O.:   Wir haben eigentlich keinen Draht zur Kirche, aber wir sind eingeladen: zum Basteln mit den Kindern, zum gemeinsamen Mittagessen, morgen wird die erste Kommunion thematisiert.

RWE: *Ist das dann zur Vorbereitung?*

Frau O.:   Ja, nur ist sie etwas zu lang – ein ganzer Tag. Ein Stück weit ist es schön für das jeweilige Kind, aber es nimmt zu viel Zeit in Anspruch.

RWE: *Von Ihnen?*

Frau O.:	Ja, wir haben das jetzt schon zwei Mal gemacht.
Herr O.:	Ich bin der Meinung, wir gehen morgen beide hin. Letztes Jahr war meine Frau allein. Beim nächsten Kind kannst du dann wieder allein gehen.
RWE:	*Wie lange sind Sie schon verheiratet?*
Herr O.:	Zehneinhalb Jahre.
Frau O.:	Zehneinhalb Jahre.
RWE:	*Ja und war die Hochzeit ein Fest, wo die Eltern dazu beigetragen haben? Haben Sie alles selber bezahlt und organisiert?*
Frau O.:	Meine Eltern haben dazu beigetragen.
Herr O.:	Mit der Jodlermesse hat Vater auch beigetragen, aber sonst haben wir alles selber organisiert.
RWE:	*Und bezahlt?*
Herr O.:	Ja, wir konnten alles selber bezahlen – 7000 Franken hat das Fest gekostet!
RWE:	*Wie kommen Sie denn jetzt mit dem Geld zurecht?*
Herr O.:	Das geht gut.
Frau O.:	Wir haben Glück im Unglück gehabt: Seine Eltern haben uns entschädigt, weil wir unfreiwillig weg mussten.
Herr O.:	Mein Bruder und der Vater haben das alles zusammen eingefädelt. Wir hätten auch zum Anwalt gehen können, aber ob es das gebracht hätte? Schließlich sind wir freiwillig gegangen.
Frau O.:	Seine Eltern haben uns gesagt: Wenn wir bis zum Frühling ausziehen, gibt es eine Entschädigung, wenn nicht, gibt es keine.
Herr O.:	Der Vater und der Bruder haben uns dann gar nicht geholfen.

124

Frau O.: Früher schon, aber nur der Vater, der Bruder nie.

Herr O.: Der Bruder hat anderen geholfen. Und er sorgte dafür, dass der Vater uns auch nicht mehr half, und das war schon hart.

RWE: *Ja, das ist hart. Aber Sie haben offensichtlich zusammengehalten.*

Frau O.: Wir haben zusammengehalten. Es hat aber dann später bei uns auch gekriselt.

RWE: *Ist bei Ihnen Zusammenhalten und keine Geheimnisse voreinander zu haben etwas ganz Wichtiges?*

Frau O.: Ja, das ist etwas ganz Wichtiges.

Herr O.: Ja.

RWE: *Ihre persönliche Entwicklung ist Ihnen aber auch nicht unwichtig. Sie sagten bereits, dass Sie jeweils allein Fahrrad fahren bzw. Tennis spielen. Sie kapseln sich auch nicht ab, bei der »Stubete« haben Sie Kontakt zu anderen Menschen?*

Herr O.: Ja.

RWE: *Und Sie mit Frauen im Dorf?*

Frau O.: Ja, ich gehe mit einigen in verschiedene Vorträge, z.B. Erziehungsvorträge, dann gehe ich auch regelmäßig zu den Frauenabenden, die einmal im Monat stattfinden, danach gehen wir mit den Frauen immer zusammen Abendessen.

Herr O.: Derweil bin ich allein mit den Kindern.

Frau O.: Mit den Frauen aus der Nachbarschaft tausche ich mich auch aus und wir besuchen uns gegenseitig.

RWE: *Wie sieht es mit der beruflichen Orientierung aus?*

Herr O.: Ja, ich schaue mich schon seit einiger Zeit nach

einer neuen Stelle um. Es muss aber ein familienfreundlicher Job sein.

RWE: *Das heißt Sie suchen nach etwas, was Sie beruflich erfüllt und versuchen voranzukommen?*

Herr O.: Ja. Das, was ich jetzt mache, gefällt mir relativ gut, aber ich strebe etwas an, was mehr mit der Natur, der Landwirtschaft oder dem Gartenbau zu tun hat. Es muss für mich stimmen.

Frau O.: Er muss ja noch 20 bis 25 Jahre arbeiten.

Herr O.: Ja, nach der politischen Lage muss ich noch 25 Jahre arbeiten.

RWE: *Sie sind aktiv am Suchen, auch in den Bergen?*

Herr O.: Ja, in den Bergen hätte ich einen Job bekommen können, aber das Problem ist, die Berge sind zu weit weg.

Frau O.: Und mit Wochenenddiensten verbunden, das war nicht familienfreundlich. Ich war gar nicht begeistert.

Herr O.: Der Job hätte mir schon zugesagt, aber vielleicht ergibt sich später noch mal etwas anderes. Man muss fit bleiben.

Frau O.: Ja, der Job in der Bergen, das war schon ein schwieriges Thema.

Herr O.: Ich bin fast wütend geworden… Man muss aber vom Verstand her sagen, für die Familie war es nicht günstig.

Frau O.: Ich hätte dann wirklich noch mehr auf mich nehmen müssen.

RWE: *Sie überlegen sich also bei der Wahl des Berufes, ob da noch genügend Platz ist für die Familie.*

Herr O.: Ja, wir müssen es einfach absprechen.

Frau O.: Es muss stimmen.

126

RWE: Damit haben Sie nicht gerechnet, dass für Sie familienfreundliche Arbeitszeiten wichtig sein werden?

Frau O.:   Nein.

Herr O.:   Nein, damit hatte ich nicht gerechnet. Ich dachte, ich könne den Elternhof übernehmen.

Frau O.:   Unsere Familienplanung war eine andere, wir dachten, er ist auf dem Hof, die Kinder können mit ihm zu Hause sein, auf dem Traktor mitfahren usw. Sonst hätten wir wirklich anders geplant.

RWE: Ich bewundere Ihre Flexibilität.

Frau O.:   So sind wir. Das ist unsere Stärke.

RWE: Dass Sie eine Arbeit haben und trotzdem noch eine suchen...

Herr. O.: Abgestumpft sind wir nicht. Ich lese immer die Stelleninserate, man darf nie stehen bleiben, es gibt immer Möglichkeiten. Aber man muss in jedem Job die Vor- und Nachteile abwägen.

RWE: Sie wollen Ihr eigener Meister bleiben?

Frau O.:   Ja, wir müssen schauen, dass wir unser eigener Meister bleiben.

Herr O.:   Es hat gewisse Nachteile, aber auch Vorteile, wenn man sein eigener Meister bleibt – zum Beispiel kann man besser in der Freizeit abschalten.

Frau O.:   Ja, und vor vier Jahren sind wir das erste Mal mit der ganzen Familie in die Ferien. Wir hatten auf dem Hof nie Ferien.

RWE: Ist für Sie Treue etwas Wichtiges?

Frau O.:   In einer festen Beziehung, die einem Halt gibt, muss man schon dem anderen vertrauen können. Das ist ein großes Thema – die Treue.

Herr O.:	Ja, das ist so.
RWE:	*Für das Bewältigen einer Krise ist das Vertrauen zueinander wichtig, das haben Sie auch erfahren?!*
Herr O.:	Wir mussten einfach zusammenhalten, jeder hat seine Aufgabe und ist engagiert, wir können gar nicht flüchten und sind auch dieser Versuchung zum Glück nicht ausgesetzt.
RWE:	*Sie haben fünf Kinder. Unserer Zeit sagt man nach, sie habe keine positive Einstellung den Kindern gegenüber. Wie stehen Sie dazu?*
Herr O.:	Ich verstehe Menschen, die sagen, sie wollen keine Kinder. Kinder sind eine hohe Hürde – zeitlich und finanziell. Wenn ich nur an die nächste Krankenkassenprämienerhöhung denke. Auch die Sportartikel-Bekleidung macht Druck, weil sie teurer wird. Aber wir haben es trotzdem gut, wir bekommen viele Kleider von ihren Kolleginnen. Ich muss nicht viele Kleider kaufen. Aber trotzdem, alles kostet einfach Geld und wir können uns nicht alles leisten, obwohl wir finanziell nicht so schlecht dastehen. Es gibt schon immer wieder schlaflose Nächte!
Frau O.:	Ja, wir sind beide kinderfreundlich. Wir wollten Kinder. Jetzt würden wir wahrscheinlich zu zwei bis drei tendieren, weil durch den Verlust des Hofes alles anders kam.
Herr O.:	Ja, ich würde sagen zwei.
Frau O.:	Zeitweise kann ich ihn verstehen. Man ist schon hin und her gerissen, es ist eine Riesenaufgabe.
RWE:	*Hat jedes Kind ein Zimmer oder immer zwei zusammen?*

Frau O.:	Nein, jedes Kind hat ein Zimmer. Wir haben kein großes Haus, aber viele kleine Zimmer.
Herr O.:	Und wir konnten noch eines renovieren, das eine Dunkelkammer war. Wir haben ein Fenster eingebaut, und jetzt hat jeder sein Zimmer. Und wir ein Schlafzimmer. Ich habe neulich gelesen, es gebe viele Paare, die separat schlafen.
Frau O.:	Das könnten wir gar nicht.
Herr O.:	Doch, das könnten wir auch, wenn einer schnarcht oder noch Musik hören will ... Schließlich hat jedes Kind ein eigenes Zimmer, warum sollten sich nicht auch die Eltern trauen, ein eigenes Zimmer zu haben.
RWE:	*Und Sie beneiden die Kinder nicht, dass jedes sein eigenes Zimmer hat?*
Frau O.:	Ich habe kein Problem damit.
Herr O.:	Das ist schon in Ordnung.
Frau O.:	Ich bin ja froh, am Tag müssen die Kinder so viel Rücksicht nehmen und einstecken, dass sie dann wenigstens in der Nacht allein schlafen.
RWE:	*Wie ist es bei Ihnen mit der Rollenverteilung? Die Frau ist für die Kinder und Haushalt zuständig, der Mann verdient das Geld?*
Frau O.:	Ich wehre mich einfach etwas gegen diese Sturheit.
Herr O.:	Ich wäre bereit, einen Tag zu Hause zu bleiben, damit sie arbeiten gehen kann.
Frau O.:	Es ist eine Frage der Zeit.
Herr O.:	Es ist einfach so, die Arbeit, die ich angenommen habe, war ganz klar eine Vollzeitbeschäftigung.
RWE:	*Aber die neue müsste flexibel sein?*

Frau O.: Ja.

Herr O.: Ja, ich habe mich schon oft beworben und ich werde mich auch weiterhin bewerben.

RWE: *Ich finde das ganz toll, dass Sie an andere Möglichkeiten denken.*

Frau O.: Wir haben darüber auch schon offen kommuniziert, sogar mit den Schwiegereltern, die ein sehr traditionelles Denken haben.

RWE: *Und, wie fanden sie das?*

Frau O.: Der Schwiegervater hatte schon Probleme damit, aber die Schwiegermutter meinte, sie bewundere mich, dass ich ihrem Mann die Meinung sage. Deinem Vater hat noch nie eine Frau so richtig die Meinung gesagt!

Herr O.: Er ist insofern immer grausam gewesen.

Frau O.: Ein Patriarch.

RWE: *Was würden Sie denn sagen, ist der Hauptgrund, dass Sie vom Hof weggehen mussten?*

Herr O.: Mein Bruder wollte ihn unbedingt. Als er seine Lehre beendet hatte und Elektriker war, hätte er am liebsten ein eigenes Geschäft gehabt, hatte aber nicht den Mut dazu, selber zu bauen und zu kaufen. Und dann dachte er, wenn er den Hof bekommt, hat er ein viel billigeres Magazin und gute Räumlichkeiten. Und pro forma kann er nebenbei noch ein bisschen Landwirt spielen. Der Vater wird ihm dabei schon helfen.

RWE: *Ist er denn Pro-forma-Bauer?*

Herr O.: Ja, mein Vater musste eben auch einen gewissen Kompromiss eingehen, dass er mit seinem Sohn nicht zu sehr ins Gehege kommt.

RWE: *Wie alt ist denn Ihr Vater?*

Herr O.:	Er ist 75, aber er ist noch gesund und fit, er kann meinem Bruder noch helfen. Der Hof ist jetzt Eigentum meines Bruders, er hat freie Hand, und wenn die Landwirtschaft nicht mehr rentabel ist, wird er sie an den Nagel hängen.
RWE:	*Sind Sie, Frau O., der Meinung, Sie sollten wieder berufstätig werden?*
Frau O.:	Ja.
RWE:	*Weil Sie nicht allein für Haus und Kinder zuständig sein wollen?*
Frau O.:	Ja, ich will nicht.
RWE:	*Funktioniert das auch? Haben Sie das Gefühl Ihr Mann unterstützt Sie darin?*
Frau O.:	Ein Stück weit.
RWE:	*Jetzt grinst er…*
Frau O.:	Ja, ich weiß, warum er grinst. Es funktioniert, weil ich mich immer wehre. Und ich wehre mich sehr oft. Er übernimmt dann schon einiges, aber oft nur, wenn ich es fordere. Ich wünsche mir zum Beispiel, dass er, ohne Zeitung und Joghurt in der Hand, die Kinder ins Bett bringt. Wenn er sich Zeit für die Familie nimmt, dann soll die schon eine besondere Qualität haben. Er könnte sich einfach öfters mit den Kindern beschäftigen. Ja, da muss ich sagen, da gibt es Konflikte.
RWE:	*Ist es schwierig für Sie? Sie sind ja bestimmt auch müde nach der Arbeit, wenn Sie nach Hause kommen.*
Herr O.:	Ja, ich muss mich etwas aufraffen. Aber dann merke ich, dass es sich lohnt.
Frau O.:	Ich lege viel Wert darauf, dass er sich am Abend mit den Kindern befasst.

RWE:	*Wegen der Beziehung der Kinder zum Vater?*
Frau O.:	Damit die Beziehung konstant genährt wird. Die Kinder haben ja Vertrauen zu ihm. Ich merke das, wenn er sich eine Zeitlang intensiver mit den Kindern abgibt. Sie kommen sonst immer mit den Problemen und Sorgen zu mir. Und ich sage dann oft: Geht mal zu eurem Vater! Damit sie das auch tun können, müssen sie Vertrauen zu ihm haben.
RWE:	*Haben Sie Zeiten, wo Sie sich etwas von der Familie distanzieren können und jemand kommt, um auf die Kinder aufzupassen?*
Frau O.:	Wir haben eine Babysitterin, die kommt manchmal und dann können wir abends manchmal ausgehen.
Herr O.:	Es ist ein Minimum. Wir haben manchmal auch ganz junge Babysitter aus der Nachbarschaft, aber die waren auch schon einige Wochen nicht mehr bei uns.
Frau O.:	Aber heute dürfen wir nachher Abendessen gehen.
RWE:	*Das ist schön.*
Frau O.:	Babysitter müssen wir wieder vermehrt aktivieren. Im Herbst sind wir zehn Jahre verheiratet gewesen, da waren wir drei Tage verreist. Und als er 40 geworden ist, haben wir auch mal auswärts übernachtet. Insgesamt zwei mal zwei Nächte.
RWE:	*Wie sieht es mit Ihrer Beziehung zu Ihren Herkunftsfamilien aus? Sie sagten bereits, Ihr Vater ist gestorben.*
Frau O.:	Ja.

RWE:	*Und Ihre Mutter ist dann in eine Mietwohnung gezogen und Sie haben das Haus übernommen?*
Frau O.:	Ja.
RWE:	*Und zur Mutter haben Sie Kontakt?*
Frau O.:	Ich intensiver als er. Wenn ich zum Arzt muss, hütet sie die Kinder.
Herr O.:	Oder es kann ein Kind auch mal bei ihr übernachten.
Frau O.:	Oder zu Mittag essen. Sie unterstützt uns gern.
RWE:	*Und die Kinder gehen auch von dort aus zur Schule?*
Herr O.:	Ja, genau, es ist schön, wenn man noch jemanden hat.
Frau O.:	Ich bin ihr auch dankbar, aber manchmal kann ich mit ihr auch in Zwist geraten, weil ich ihr manchmal die Meinung sage, wenn sie Ansichten vertritt, die man vor 40 Jahren hatte. Ich muss ihr das doch sagen, sie ist ja meine Mutter. Manchmal schimpft auch sie und ist unzufrieden.
RWE:	*Über was schimpft sie denn?*
Frau O.:	Wir haben es nicht so ordentlich im Haus, wie sie es sich vorstellt, und pflegen auch den Garten nicht mehr so sehr, wie sie es getan hat. Das hat ihr am Anfang nicht gefallen, aber das ist jetzt eigentlich unsere Sache.
Herr O.:	Sie hatte auch etwas Mühe mit der Ablösung vom Haus. Und das hat zu kleinen Konflikten geführt. Ich habe mich schon sehr bemüht und zum Beispiel den Hof mit Steinen ausgestaltet. Nur fiel das für sie nicht ins Gewicht. Sie hat alles nur daran gemessen, wie es war, wie sie es einst hatte. Das ist etwas schade.

Frau O.:	Wir haben einen engen Kontakt. Aber das bewirkt auch, dass man viele Probleme hat.
RWE:	*Wie ist der Kontakt zu Ihren Eltern?*
Herr O.:	Nach der Hofgeschichte hatten wir zwei Möglichkeiten, entweder wir brechen den Kontakt ganz ab oder ermöglichen die Beziehung zu den Enkelkindern. Und wir haben es geschafft, wir haben meinen Eltern verziehen, schon allein wegen uns selbst. Wir bringen die Kinder in den Ferien zu ihnen und holen sie wieder ab. Wir haben also einen gewissen Kontakt, der funktioniert.
RWE:	*Wo wohnen denn die Großeltern?*
Herr O.:	Auf dem Hof. Sie haben vom Bruder lebenslanges Wohnrecht bekommen.
Frau O.:	In den ersten paar Wochen dachte ich, den Kontakt muss man abbrechen. Aber dann war mir klar, man schneidet sich ins eigene Fleisch: Unsere Kinder mögen den Hof und sind gern dort.
Herr O.:	Ja, es gibt dort viele Tiere, die sie mögen.
Frau O.:	Und die Eltern sind uns und den Kindern gegenüber sehr freundlich, nur das Thema Hof ist tabu. – Ich vertrete die Meinung, dass es eine Aussprache geben sollte. Dass es uns weh getan hat, dürfen wir doch sagen; wir haben das Recht, mitzuteilen, wie es uns damit geht, auch wenn seine Eltern es nicht gern hören.
RWE:	*Wie ist es mit Weihnachten, wo feiern Sie und mit wem?*
Herr O.:	Mit unserer Familie zu Hause.
RWE:	*Und Ihre Mutter kommt dazu?*

Frau O.: Sie war auch schon bei uns, manchmal geht sie zu meinen Schwestern.

Herr O.: Es ist ihr einfach etwas zu viel mit den Kindern.

RWE: *Und Ihre Eltern, sehen sie die Kinder?*

Herr O.: Wir bringen eins von den Kindern meist über Weihnachten und Neujahr zu ihnen oder auch zu meiner Schwester, denn die wohnt sehr nahe bei den Eltern.

RWE: *Also Sie haben einen jüngeren Bruder und eine Schwester?*

Herr O.: Und dann nochmals einen Bruder.

RWE: *Zwei Brüder? Wie alt ist denn der andere?*

Herr O.: Der jüngste ist 1969 geboren, die Schwester 1961, ich 1962 und der andere Bruder 1963.

RWE: *Und alle sind gegen den Verkauf des elterlichen Hofes, obwohl sie nicht mehr in der Landwirtschaft tätig sind?*

Herr O.: Ja.

Frau O.: Doch, der Klaus kommt wieder in die Gegend.

Herr O.: Ja, der kommt wieder in die Gegend, aber er hat nichts mit der Landwirtschaft zu tun.

RWE: *Sie sind also wirklich loyal zu Ihren Eltern und Schwiegereltern, aber es gibt ein Tabu-Thema und das ist die Geschichte mit dem Hof.*

Frau O.: Für uns wäre es eben ein Thema, für mich insbesondere, für meinen Mann theoretisch auch. Doch wegen der Muster von früher macht er es nicht zum Thema.

Herr O.: Es ist mühsam und schwierig.

Frau O.: Aber es ist ein Tabu. Und es liegt immer in der Luft, immer!

RWE: *Glauben Sie, es kann irgendwann gelöst werden?*

Herr O.:   Kaum.

Frau O.:   Aber trotzdem kann man die Hoffnung haben.

RWE: *Kommen denn zum Beispiel Ihre Eltern zur Kommunion?*

Herr O.:   Ja, wir haben sie schließlich eingeladen. Da wussten wir lange nicht, ob wir es tun sollen oder nicht, aber Kinder ausbremsen wäre nicht gut.

Frau O.:   Ich dachte immer, wenn Nicole sie einladen will, dann…

Herr O.:   Ja, wenn das Kind sie einlädt, dürfen sie kommen.

RWE: *Wie kommen denn Ihre Eltern mit Ihrer Mutter aus?*

Herr O.:   Gut.

Frau O.:   Gut, aber das bestimmte Thema darf man nicht anschneiden.

RWE: *Als Sie geheiratet haben, waren da beide Eltern einverstanden?*

Frau O.:   Meine Eltern hatten Freude, deine eigentlich auch, aber dein Vater hat am Abend vor der Hochzeit gesagt: »Ob das gut geht!« Ich dachte nur: Wie bitte?

Herr O.:   In seinem Kopf hatte er wohl schon die Idee, dass er den Besitz dem Bruder geben möchte. Dadurch, dass ich geheiratet habe, stand ich besser da: Ein Verheirateter hat mehr »Grund«, einen Hof zu übernehmen, als ein Lediger. Es wurde für sie schwieriger, mich mit einer Frau, die auch noch dazu kämpft, zu vertreiben.

RWE: *Haben Sie das Gefühl, dass Ihre Schwiegereltern ein schlechtes Gewissen haben?*

Herr O.:   Ja!

Frau O.:	Sie sagen, sie hätten kein schlechtes Gewissen. Aber ich habe auch das Gefühl, dass sie ein schlechtes Gewissen haben. So etwas spürt man!
RWE:	*Und wie ist es mit den Finanzen? Die Eltern mussten Ihnen eine Abfindung zahlen?*
Frau O.:	Ja, seine Eltern haben uns eine einmalige Abfindung gezahlt.
RWE:	*Und unterstützen Sie Ihre Mutter oder Ihre Eltern finanziell noch ein bisschen?*
Frau O.:	Meine Mutter gibt allen Töchtern und Enkeln zu Weihnachten etwas fürs Sparbüchlein.
Herr O.:	Da haben wir Glück, ja.
RWE:	*Und Ihre Eltern?*
Herr O.:	Ich habe einen ledigen Onkel gehabt, der starb neulich. Mein Vater hat als sein Erbe 200 000 Franken bekommen und hat sie an uns vier Kinder verteilt. Ich habe also 50 000 Franken geerbt. Wir haben Glück, und wenn nicht alles später ins Alters- oder Pflegeheim fließt, erben wir vielleicht auch noch etwas.
Frau O.:	Das Einkommen von meinem Mann ist gering, aber wir haben ein Polster, das die nächsten fünf bis zehn Jahre sehr schrumpfen wird.
RWE:	*Außer Sie bekommen die andere Stelle, wo Sie zum Beispiel eine Führungsposition inne haben …*
Herr O.:	Eine Werkposition, ja.
RWE:	*Und Sie, würden Sie auch noch als Krankenschwester arbeiten?*
Herr O.:	Ja, im Behindertenheim würde man sie brauchen, nur mussten sie dort auch Stellen streichen. Aber es geht sicher irgendwo ein Türchen auf.

Und du würdest auch lieber am Tag arbeiten, nicht unbedingt nachts?

Frau O.: Ich würde auch nachts arbeiten, aber am Tag ist es auf Dauer einfacher mit der Familie zu vereinbaren.

Zusammenfassende Einschätzung

Die Beziehung dieses Paares zur Herkunftsfamilie des Mannes ist belastet. Der Vater hat ihn vom Bauernhof vertrieben und den jüngsten Bruder bevorzugt. Für Herrn O. und dessen große Familie bedeutet dies: Verlust von materiellen Optionen, Verlust der Zukunft als Bauernfamilie, Verlust der Arbeit, Verlust des eigenen Heims. Doch vor allem ist die Tatsache, dass der Vater und Bruder den Auszug von Herrn O. erzwingen, eine Kränkung und Demütigung des jungen Paares, das plötzlich auf sich selbst angewiesen ist und sich umorientieren muss. Für den Vertragsbruch bezahlt allerdings der Vater eine einmalige Entschädigung aus.

Das junge Paar distanziert sich teils von der Herkunftsfamilie des Mannes, aber dem Frieden zuliebe wird auf Kampf mit juristischen Mitteln verzichtet, Auszug und Entschädigungszahlungen werden akzeptiert. Die Kränkung lässt sich nicht so einfach aus der Welt schaffen. Wie wir wissen, haben und machen Kränkungen Geschichte. Der Bruder ist »schon immer« bevorzugt worden, daran können zweiundzwanzig Jahre Arbeit von Herrn O. auf dem elterlichen Bauernhof nichts ändern. Diese Geschichte wiederholt sich: Auch der Vater von Herr O. hat einst den elterlichen Hof nicht erhalten. Der Bruder von Herrn O. erhält den Hof, obwohl er nicht Bauer ist. Herr O. geht »leer« aus, seine Erwartungen werden nicht erfüllt. Auch wird das junge Paar O. in die Situation gebracht, über alles schweigen zu müssen, ein Gefühlsaustausch zwischen den Generationen kann nicht stattfinden. Es gilt nur eins: nicht über Tabu-Themen reden, auch wenn es die junge Frau O. kaum aushält.

Dem Vater, der sich als Patriarch erweist, gehört der Besitz, er kann nach Belieben geben und nehmen. Sein Verhalten und Auftreten lässt nur eine Möglichkeit zu: Alle um ihn herum müssen ihm wohlgefällig sein und sich anpassen, um nicht enterbt zu werden. Das heißt: Herr O. muss »sich arrangieren«, weil er als Sohn die »Muster« kennt und sich mit dem Vater gut stellen muss, auch wenn dieser ihn schlecht behandelt.

Die Schwiegertochter stammt nicht aus einem bäuerlichen Milieu, bringt also keinen bäuerlichen Besitz mit in die Ehe und ist nicht als Bauerntochter sozialisiert. Aber sie besucht eine Bäuerinnenschule und legt dort sogar die Meisterprüfung ab. Doch den Ansichten ihres Schwiegervaters kann sie sich nicht anschließen. Der Schwiegervater zweifelt schon bei der Hochzeit: »Ob das gut geht!« Frau O. muss sich gegenüber den Schwiegereltern abgrenzen, um sich nicht selber verleugnen zu müssen.

Nach dem Auszug aus dem Bauernhof wird der Kontakt zu den Großeltern wegen der Kinder aufrechterhalten. Kinder brauchen Großeltern, auf dem Bauernhof fühlen sie sich wohl und verbringen gern ihre Ferien dort. Das junge Paar gewinnt dadurch Freiraum für sich selber, freut sich der Kinder wegen über den Kontakt, lädt sogar die Großeltern zu Familienfesten ein, wenn das der Wunsch der Kinder ist. Doch das Tabu-Thema »Vertreibung« wird ignoriert, obwohl es ständig in der Luft liegt. Die Auseinandersetzung wird vermieden, um den persönlichen Freiraum und die Vorteile für die Enkel zu nutzen.

Die Beziehung zur Herkunftsfamilie der Frau ist nicht belastet. Nachdem die siebenköpfige Familie vom elterlichen Hof des Mannes vertrieben wurde, braucht sie eine gute Unterkunft. Die verwitwete Mutter der Frau besitzt ein Haus mit Garten, das sie bereit ist, der Familie zu überlassen. Die Schwestern der jungen Frau sind damit auch einverstanden. Die Mutter findet für sich eine passende Mietwohnung und übergibt das Haus der Familie O., sie unterstützt alle Töchter weiterhin finanziell.

Das Paar braucht zeitweise Entlastung von den Kindern. Die Schwestern und die Mutter der Frau sind bereit zu helfen: Ab und zu passen sie gern auf die fünf Kinder der Familie O. auf. Diese Hilfe erfährt eine große Wertschätzung durch das junge Paar, und für die Kinder ist sie ein Gewinn.

In der Beziehung zur Mutter der Frau ist Offenheit und Auseinandersetzung möglich. Haus und Garten werden von dem jungen Paar O. nicht mehr so gepflegt, damit ist die Mutter unzufrieden und tut dies auch kund. Das Paar wehrt sich und setzt seinen Stil durch, kann aber die Mutter verstehen. Mutter und Tochter können in gegenseitigem Respekt verhandeln und Konflikte ausgetragen.

Dass Kinder »Großeltern haben sollten«, wirkt in der Situation des Paares O. nicht sehr überzeugend. Vor allem deshalb nicht, weil über den Konflikt, der die junge Frau massiv belastet, nicht geredet werden darf. Ob die »Vertreibung vom Hof« nur auf die Bevorzugung oder die Intrige des Bruders zurückgeführt werden kann, bleibt offen. Es kann sein, dass es auch noch andere Gründe gegeben hat, aber das erfahren wir nicht. Dass der Vater des Mannes der Ehe des Sohnes nicht nur wohlwollend gegenüber stand, ist auch klar. Seinen Satz »Ob das gut geht!« hat die Schwiegertochter nicht vergessen.

Es scheint in der Familie ein generationenübergreifendes Muster zu geben, wonach der junge Bauer und älteste Sohn den Hof schließlich doch nicht erhält. Aber dies bleibt im Bereich der Annahmen, da sich der Sohn nicht getraut, den Vater zu einer klaren Aussprach zu bewegen.

Bei einigen weiteren Gesprächen mit dem Paar kristallisiert sich langsam eine Antwort auf die Frage heraus, warum Herr O. von seinem Vater und seinem Bruder so schlecht behandelt wurde und sich nicht erfolgreich zur Wehr setzen konnte. Herr O. ist »der große Junge« geblieben und bekam wenig Anerkennung vom Vater; er konnte sie sich auch gegenüber seinem jüngeren Bruder nicht verschaffen. Offenbar wird Letzterer nicht nur vom Vater, sondern auch von der Mutter bevorzugt.

Ein typisches Beispiel für die schlechte Position von Herrn O., auch in seiner eigenen Familie, ist die »Geschichte mit den Osterhasen«. Seine Frau erzählt, dass Herr O., als er einmal vor Ostern allein im Haus war, zwei Schokolade-Osterhasen gegessen hat, die seine Frau für die Kinder bestimmt hatte. Sie zeigte aber Verständnis für sein etwas »kindliches« Verhalten. Aber wir problematisieren dieses Ereignis in unserer Sitzung zu dritt, da es aufzeigt, wie wichtig es ist, dass Herr O. als Familienvater eine eigene Position bezieht, sich nicht auf die Ebene der Kinder stellt oder mit ihnen in Konkurrenz tritt. Als Paartherapeutin frage ich mich weiter, ob Herr O. aus der Konkurrenzsituation zu seinen Kindern heraustreten kann und dafür genügend Unterstützung von seiner Ehefrau bekommt. Diese Frage wird ein wichtiger Teil der weiteren Paargespräche sein.

Frau O. ist die ideale Partnerin für ihren Mann, insbesondere deshalb, weil sie seine Schwächen ausgleicht. Er bewundert sie beispielsweise dafür, dass sie, um eine gute Bäuerin zu werden, die landwirtschaftliche Schule gemacht und die Meisterprüfung abgelegt hat. Beide hatten ihr Leben als Paar und als Familie auf die Landwirtschaft ausgerichtet – Beständigkeit ist für beide ein wichtiges Thema, doch haben sie alles verloren. In dieser großen Krise hält die Frau zu ihrem Mann und versteht seine Verletzung. Zwar möchte sie, dass er sich dem Konflikt mit seinen Eltern stellt, diesen Part kann sie nicht für ihn übernehmen, doch er fühlt sich dafür nicht stark genug. Sie erleben es beide als Glück im Unglück, dass ihnen bei der Vertreibung vom Hof eine Entschädigung zuteil wurde und dass sie das Haus von der Mutter der Frau übernehmen konnten. Auch sind beide zuversichtlich, dass immer irgendwo ein neues Tor für sie aufgeht.

Trotzdem ist es für Herrn O. im neuen Leben nicht leicht. Es treten Konflikte auf, vor allem auch deshalb, weil Herr O. nicht besonders erfolgreich ist, was seine Lohnarbeit anbelangt (vielleicht mit ein Grund, weshalb ihm sein Vater den Hof nicht übergab und seinen Bruder vorzog). Die Unterschiede der Herkunft zwischen Herrn O. und Frau O. werden vermehrt spürbar, wobei sich beide Partner darum bemühen, mit professioneller Hilfe ihre Konflikte zu lösen. Der Mann möchte den Ansprüchen der Frau genügen, allerdings soll sie ihm Zeit zur Entwicklung geben, Geduld haben und ihn »führen«. Er vertraut ihr.

Es gelingt ihnen, neben den Ansprüchen der großen Familie in kleineren zeitlichen Freiräumen auch Eigenes zu leben, weil sie sich gegenseitig den Rücken freihalten. Der Mann betreut bei Bedarf für längere Zeit die Kinder, damit seine Frau sich erholen kann – sie kann gelegentlich allein verreisen, Tennis spielen, zu Vorträgen und Frauenabenden gehen. Da kommt ihm seine bäuerliche Sozialisation zugute, für welche gilt, dass Eltern und Kinder den Alltag gemeinsam verbringen. Seine Frau traut es ihm zu, dass er mit den Kindern gut umgeht, sie kann deshalb gut loslassen und den gewährten Freiraum genießen. Für den Mann ist es klar, dass seine Frau auch etwas anderes als Haushalt und Kinder braucht. Er kann sich in ihre Rolle einfühlen und sie übernehmen. Umgekehrt gönnt ihm die Frau seine Fahrradtouren. Das Paar unternimmt allerdings auch mit den Kindern viel: Wanderungen, Karnevalsumzüge usw.

Im Dorf, in dem sie aufgewachsen ist, hat Frau O. ein größeres soziales Netz als ihr Mann, der sich eher in unverbindlichen Kreisen aufhält. Der Übergang vom elterlichen Hof in die für den Mann fremde Gemeinde und die fremden Muster sozialer Beziehungen ist ihm nur wenig gelungen. Er erzählt zwar von Dorffesten, an denen er mit den Kindern teilnimmt, aber enge Freunde scheint er nicht zu haben. Das wiederum macht ihn stärker von seiner Frau abhängig.

Zusammenhalten, keine Geheimnisse voreinander haben, sich entfalten können sind Werte, die Herr und Frau O. wichtig finden. Dass sie zusammenhalten, haben sie bisher mehrfach bewiesen. Die Frage nach der Wichtigkeit, keine Geheimnisse voreinander zu haben, bestätigen beide, wie sie damit aber konkret umgehen, erfahren wir nicht.

Die Therapie, die Frau O. zusammen mit dem Mann machen möchte – sie schickt nicht nur ihn in Therapie, obwohl er die meisten Probleme hat – soll die verfahrene Situation des verweigerten Erbes ans Licht bringen. Auch hier steht Frau O. zu ihrem Mann und lässt ihn nicht allein.

Paar Sch. und K.

THEMA: Beziehung als Selbsterfahrung und künstlerische Inspirationsquelle

Frau Sch., geboren 1972, ist Künstlerin und hat eine ältere lesbische Schwester, ihre Eltern sind geschieden. Ihr Partner, Herr K., geboren 1981, ist Künstler in Ausbildung und als Einzelkind aufgewachsen, seine Eltern sind geschieden. Der Vater ist Grieche und lebt wieder in Griechenland, die Mutter ist Deutsche und lebt in der Schweiz. Da sich die Eltern getrennt haben, als ihr Sohn noch klein war, er aber zu beiden ständig Kontakt hatte, ist er multikulturell aufgewachsen. Das junge Paar lebt zusammen, ist aber unverheiratet und hat keine Kinder.

Interview mit dem Paar Sch. und K.

RWE: *Wie ist es um die Beziehung zu Ihrer Herkunftsfamilie bestellt?*

Herr K.:   Mir ist die Zugehörigkeit sehr wichtig. Zu wissen, wohin man gehört, gibt Sicherheit. Zugehörigkeit zu zwei oder drei Kulturen ist ein großer Reichtum. Sie ist aber nicht selbstverständlich: Wenn kein Elternteil aus dem Land kommt, in dem man aufwächst, muss sie erworben werden.

RWE: *Fühlen Sie sich in der Familie Ihres Vaters in Griechenland geborgen?*

Herr K.:   Das ist ein schwieriges Thema, die Antwort: ja und nein. Denn in der ganz engen Familie meines Vaters fühle ich mich nicht sehr geborgen, aber in der größeren Familie mit den vielen Tanten und Onkel fühle ich mich gut aufgehoben.

RWE: Und Ihr Bezug zur Mutter?

Herr K.:   Meine Mutter ist mir gegenüber eher zurückhaltend, sie äußert sich meist nur dann, wenn ich sie nach etwas frage. Aber sie ist immer für mich da, nur muss ich den Wunsch äußern oder die Initiative ergreifen.

RWE: Ist sie stolz auf das, was sie machen?

Herr K.:   Ja, das kann man schon so sagen! Von ihrem Erzieherinnengehalt finanziert sie sogar mein Studium mit.

Frau Sch.: Unbedingt, unbedingt.

RWE: (zu Frau A.) Und wie ist es mit Ihren Eltern?

Frau Sch.: Bei mir hat sich die Situation sehr verändert: Ich hatte sehr lange keinen Kontakt zu meinen Eltern oder mich nur widerwillig mit ihnen in Verbindung gesetzt. Seit drei-vier Jahren aber haben wir einen Kontakt, der nicht erzwungen, sondern wirklich erwünscht ist: Wenn ich etwas erlebe, dann habe ich das Bedürfnis, es ihnen sofort zu erzählen. Ja, und das ist mit einer großen Freude verbunden.

RWE: Wen rufen Sie dann an?

Frau Sch.: Beide zur selben Zeit, und ich habe total Lust, ihnen alles zu erzählen. Ich freue mich auch sehr, wenn sie mir etwas mitteilen. Das ist neu!

Herr K.:   Unsere Eltern hätten gern mehr Kontakt zu uns. Ich merke das immer daran, dass sie häufiger den Wunsch äußern als wir.

Frau Sch.: Ja, ich glaube, die Eltern machen es sich manchmal auch zu einfach. Sie finden dann: »Wir haben uns lange nicht gesehen, warum kommt ihr nicht?« Sie wollen halt besucht werden, oder?

RWE: *Eltern haben oft Sehnsucht nach den Kindern.*

Frau Sch.: Ja, es ist wahrscheinlich seltsam, wenn Kinder plötzlich aus dem Haus sind, nachdem sie solange mit den Eltern verbunden waren. Es ist bestimmt nicht so einfach loszulassen.

RWE: *Und wie ist es mit den Beziehungen übers Kreuz: Sie, Frau Sch. zur Mutter von Herrn K., und Sie, Herr K., zu den Eltern von Frau Sch.?*

Frau Sch.: Ich habe eine sehr gute Beziehung zu seinen Eltern. Der Altersunterschied zwischen ihnen und meinem Partner ist immer etwas verwirrend. In seiner Familie gibt es viele Onkel und Tanten, die nur etwas älter sind als ich, die Freundin seines Vaters ist sogar etwas jünger als ich. Von »Eltern« zu sprechen, fällt mir dadurch ein bisschen schwer. Die Grenzen zwischen den Generationen sind recht verschoben. Das hat aber vor allem damit zu tun, dass mein Mann neun Jahre jünger ist als ich. In meiner eigenen Familie sind die Grenzen klar. Abgesehen davon sind meine Eltern extrem anders als seine Eltern, zum Beispiel ist mein Vater ein Patriarch, was seiner nicht ist.

Herr K.: Ich fühle mich aber gut aufgehoben bei ihnen.

RWE: *Bei den Eltern von Frau Sch.?*

Herr K.: Ja.

Frau Sch.: Mein Vater ist halt einer, der so Geschichten »von Mann zu Mann« liebt. Er genießt es mit seinem »Schwiegersohn« bei einem Glas Wein »vertraulich« zu reden.

RWE: *Gibt es bei Ihnen eine finanzielle Unterstützung durch die Eltern? Oder finden Sie es gut, wenn die Alten die Jungen ein bisschen unterstützen?*

146

Frau Sch.: Ich finde es sehr gut und bekomme auch selbst eine Unterstützung. Ohne sie hätte ich nicht anfangen können, Kunst zu studieren.

RWE: *Auch von Ihrem Vater?*

Herr K.: Vom Vater sehr unregelmäßig, aber immerhin, er unterstützt mich, das finde ich sehr wichtig, auch wenn es nicht so viel ist und ich nicht davon leben kann. Das, was ich noch brauche, verdiene ich selbst – das ist mir für meine Eigenständigkeit auch sehr wichtig, anders fände ich es recht seltsam.

RWE (zu Frau Sch.): Und wie ist es bei Ihnen?

Frau Sch.: Als ich meine Erstausbildung machte, habe ich kein Geld bekommen. Das war wahnsinnig schwierig für mich – auch gefühlsmäßig: Ich habe mich im Stich gelassen gefühlt.

RWE: *Haben Sie damals noch mir Ihrer Mutter zusammengelebt?*

Frau Sch.: Ja, aber mir war klar, ich muss ausziehen. Meine Mutter hatte mir mal in irgendeinem Zusammenhang gesagt: »Das geht dich nichts an!« Und ich dachte: Wenn mich das nichts angeht, warum bin ich dann überhaupt noch da? Ich war damals übrigens in der Pubertät. – Als ich auszog, habe ich keinerlei Unterstützung erhalten. Das fand ich gar nicht lustig. Neben meiner Ausbildung musste ich immer arbeiten: Ich habe gekellnert und geputzt. Meine Schwester hat bis 30 studiert und immer Geld von den Eltern erhalten.

RWE: *War sie denn die »Brave«?*

Frau Sch.: Ja, sie war die Gescheite und die Brave und die Zuverlässige. Dann aber ist alles durcheinander geraten, weil die liebe, brave, gescheite, gute Schwester plötzlich mit einer Frau zusammengezogen ist. Da war die Familie entsetzt und hat sich gefragt: Was ist denn jetzt passiert mit dem braven Kind? Sie war zwar noch immer gescheit und zuverlässig, aber dass sie lesbisch war, wurde nicht akzeptiert. Meine Mutter hatte zwar ein Leben lang so getan, als wäre sie ein offener 68er Menschentyp, aber irgendwann hat sie dann meiner Schwester trotzdem gesagt: »Weißt du, das geht für mich nicht!«

Als ich dann wieder angefangen habe, zu studieren, habe ich eine kleine Unterstützung bekommen. Nicht wirklich viel, 300 Franken im Monat, aber für mich war diese Geste von großer Bedeutung. Ich habe irgendwie empfunden: »So, jetzt kommst du auch mal dran!«

RWE: Gibt es denn vielleicht ein Muster in Ihrer Familie, dass, wer sich nicht den familiären Normen anpasst, mit Liebes- und Geldentzug bestraft wird? Und dass man wieder aufgenommen wird, wenn man bereit ist, sich anzupassen?

Frau Sch.: Nicht, dass ich wüsste.

RWE: Eine Frage, bei der ich nicht weiß, ob das bei Ihnen überhaupt ein Thema ist. Gibt es Feste, Familienfeste oder Heiligabend, die Sie mit Ihren Eltern und der Schwester oder mit Ihrer großen Familie in Griechenland oder mit Ihrer Mutter hier in der Schweiz feiern?

Herr K.:   Weihnachten ist so ein Thema.

Frau Sch.: Ostern auch. An Ostern essen wir bei dem einen und anderen Onkel. Für mich war das immer schon sehr schwierig: Wohin gehe ich an solchen Feiertage, zur Mutter oder zum Vater? Und es wird nicht leichter, sondern sogar noch schwieriger. Diese Feste hören ja gar nicht mehr auf und bis man überall gewesen ist, ist man dick und rund.

RWE: *Und wenn Sie nein sagen? Oder sagen Sie überhaupt nie solche Familieneinladungen ab?*

Frau Sch.: Doch, doch. *(Beide lachen)*

Herr K.: Das ist auch schon vorgekommen. Aber nicht, weil wir nicht zu den Verwandten gehen möchten, es ist einfach manchmal zu viel. Für uns sind Feste nicht so wichtig, uns ist es lieber, bei schöner Musik und Kerzen in Ruhe zu malen. Wir beide feiern kein Weihnachtsfest zu zweit.

RWE: *Wie schaffen Sie es in Ihrer Paarbeziehung, ein Individuum zu sein und trotzdem zusammenzugehören und in einer verbindlichen Beziehung zu leben, in der das Gemeinsame wichtig ist? Haben Sie solche Ideale?*

Herr K.: Ja, das ist schön formuliert: ein Individuum bleiben und doch zusammen zu sein. Mir bedeutet es sehr viel: mit einem Menschen zusammenzuleben, ja, und auch »verbindlich« zu sein.

Frau Sch.: Ich finde, eine verbindliche Beziehung ist etwas sehr Schönes: Es ermöglicht einem, in Gefilde vorzustoßen, wo man sonst gar nicht hinkommt. Man fängt an, über Dinge nachzudenken und zu diskutieren, die einem allein niemals durch den Kopf gegangen wären. Und natürlich stößt man auch auf Probleme, auf die man sonst nicht gestoßen wäre.

RWE: *Wenn man keinen Partner hätte und niemand an-*
            derer anwesend wäre?
Frau Sch.: Ja. Wenn man eine zweite Beziehung hätte oder
            irgendwie immer offen wäre für Seitensprünge –
            das kann ja teils auch schön sein, weil es zeigt,
            dass die Beziehung offen ist oder man tolerant
            ist. Aber andererseits kann man dann permanent
            ausweichen: Wenn es dann mal in der eigenen
            Partnerschaft nicht gerade gut läuft, flüchtet man
            in die Nebenbeziehung und hat eine andere Al-
            ternative. Aber auf die Weise kann man auf ge-
            wisse Beziehungsinhalte nicht stoßen. Ich bin
            deshalb sehr froh, dass ich mich dieser Bezie-
            hung gestellt habe, vieles habe ich als mühsam
            empfunden, aber wäre ich ausgewichen, wäre ich
            auf viele Themen nicht gekommen.
RWE: *Wenn Sie Ihre Beziehung realistisch betrachten,*
            welchen Zeitraum denken Sie ihr zu? Wird sie
            fünf oder zehn Jahre halten?
Frau Sch.: Schwierig zu sagen.
Herr K. (*denkt lange nach*): Es ist schwierig. Vielleicht nur
            einige wenige Jahre, vielleicht 20 Jahre, für mich
            ist das nicht eindeutig.
RWE: *Aber für den Moment ist das Zusammenbleiben*
            angesagt?
Herr K.:   (*nickt und lächelt*) Ja.
RWE: *Macht Ihnen der Altersunterschied zu schaffen?*
Herr K: Nein, das war für mich nie ein Problem!
Frau Sch.: Für mich schon, ich habe früher Beziehungen zu
            Männern gehabt, die zum Teil bedeutend älter
            waren als ich. Vorher meistens so 5, 6, 7 bis 10
            Jahre älter, jetzt plötzlich fast 10 Jahre jünger.

Das war eine große Veränderung, an die ich mich ein bisschen gewöhnen musste. Und nicht deshalb, weil zwischen uns etwas seltsam wäre, es war eher nur der Kopf, der mich zweifeln ließ: »Nein, das kann man doch nicht machen!«

RWE: *Wie fühlen Sie sich miteinander aufgehoben? Emotional stabil?*

Herr K.: Ja, für mich ist emotionale Stabilität sehr wichtig. Und ich fühle mich meist aufgehoben.

RWE: *Darum frage ich nochmals, da es eher so scheint, als würde es keine große Übereinstimmung geben?*

Frau Sch.: Übereinstimmung gibt es bei uns im Wunsch nach einer emotional stabilen Beziehung. Aber der schwierige Punkt bei uns ist, dass wir uns nicht so akzeptieren können, wie wir sind, und dass wir damit mal besser, mal schlechter umgehen. Daher ist unsere Sicherheit im Umgang miteinander etwas angegriffen. Wir können uns einerseits die Sicherheit, die wir brauchen, gut geben, wir unterstützen einander in unserer künstlerischen Arbeit sehr. Aber andererseits kann uns diese Sicherheit auch darüber hinwegtäuschen, dass wir sie emotional, nämlich in der Beziehung ganz privat, oft gar nicht haben…

RWE: *Nur in Ihrer künstlerischen Arbeit, die Ihnen aber beiden sehr wichtig ist. (Beide nicken)*

Zusammenfassende Einschätzung

Die 32-jährige Frau Sch. scheint in Bezug auf ihre Herkunftsfamilie das nachzuholen, was sie sehr lange vermisst hat: sich den Eltern gegenüber öffnen zu können und ein Kind zu sein, das alles, was es erlebt, sofort den Eltern erzählen möchte, um vielleicht bewundert oder gelobt zu werden. Auch ihre Eltern scheinen den wieder gefundenen Kontakt zu ihrer Tochter zu genießen. Zwar bestimmt die Tochter, wie häufig sie die Eltern sehen will, was diesen manchmal zu wenig ist, doch sind es die Eltern, die zuerst erfahren, wenn etwas Wichtiges passiert ist. Sie behandelt die geschiedenen Eltern gleich, sie ruft immer beide an. Ihr Partner, Herr K., wird von ihren Eltern geschätzt, der Vater genießt es sogar sehr, einen anderen Mann in der Familie zu haben.

Die getrennten Eltern von Herrn K. leben in verschiedenen Ländern. Die Mutter lebt in der Schweiz und ist näher, doch drängt sie sich ihrem Sohn nicht auf und überlässt es ihm, die Intensität und Häufigkeit des Kontaktes zu bestimmen. Der Vater lebt mit seiner neuen Familie in Griechenland: Seine jetzige Freundin ist jünger als die Partnerin von Herrn K., und aus der zweiten Ehe des Vaters gibt es Stiefkinder, die in Herrn K.'s Alter sind und die den Vater schon zum Stiefgroßvater gemacht haben. Herr K.'s Familie väterlicherseits ist also sehr groß und die Generationen- und Familiengrenzen sind nicht immer klar, was bei Frau Sch. Irritationen auslöst und für Herrn K. auch nicht immer einfach ist, da er sich in der Familie seines Vaters nicht wirklich geborgen fühlt, dafür aber in der der Onkel und Tanten.

Herr K. ist seinen Eltern dankbar, dass sie ihm das Kunststudium ermöglichen, vor allem drückt der abwesende Vater durch seine finanzielle Unterstützung seine Anerkennung aus für das, was der Sohn als Künstler leistet. Gleichzeitig ist es aber für Herrn K. wichtig, einen Teil für seinen Lebensunterhalt selber zu erwirtschaften. Damit beweist er ihnen, dass er erwachsen ist und Verantwortung übernimmt. Er entlastet dadurch auch seine Mutter, die mit ihrem Erzieherinnengehalt das Studium des Sohnes mitfinanziert.

Bei ihrer Erstausbildung wurde Frau Sch. nicht unterstützt, sie hat sich im Stich gelassen gefühlt, der Kontakt zu ihren Eltern brach ab. (In unseren Gesprächen wird jedoch nicht klar, welcher konkrete Vorfall Anlass dafür war.) Es ist verständlich, dass sie einen Nachholbedarf an Anteilnahme, Zuwendung und Anerkennung hat.

Frau Sch. bekommt heute einen kleineren monatlichen Beitrag, für sie ist das eine willkommene Wiedergutmachungsgeste seitens der Eltern, die viele Jahre lang die ältere Schwester von Frau Sch. bevorzugten und ausschließlich deren Studium finanzierten. Hier sind die Eltern ihrer jüngeren Tochter noch etwas »schuldig«. Aber wichtiger als Geld ist Frau Sch. die gute, nährende Beziehung zu den Eltern. Sie sucht den Austausch und das Gespräch mit ihnen.

Mit vier getrennt lebenden Elternteilen wird das Feiern zur Planungsherausforderung. Es ist nicht selbstverständlich, wer wann wo sein soll. Und weil alle mit ihren Kindern feiern wollen, werden Feste für das junge Paar oft zur Last. Das junge Paar versucht, den familiären Einladungen gerecht zu werden, doch stellt sich auch der Wunsch nach Rückzug ein: »Lass uns zu Hause bleiben!« Aber das heißt nicht, dass sie zu zweit Weihnachten feiern möchten, sondern nur dass es ihnen zu viel ist und sie lieber ihrer künstlerischen Arbeit nachgehen wollen. In den Gesprächen wird nicht klar, ob ihnen Rituale per se nichts bedeuten oder ob es bloß die Anhäufung der Festivitäten ist, die sie einerseits genießen, andererseits aber als Belastung empfinden.

Während der Mann die Verbindlichkeit und das Zusammensein betont, ist für die Frau das, was sie dank der Beziehung Neues erfährt und lernt, wichtig. Seitensprünge oder Nebenbeziehungen würden zwar noch mehr Erfahrungen ermöglichen, jedoch könnte dann die Arbeit an der eigenen Persönlichkeit nicht so intensiv erlebt werden. Es sieht eher so aus, dass Herr K. Stabilität sucht, während Frau Sch. sich nicht festlegen möchte. Die Beziehung aufgeben will sie aber nicht: Sie möchte möglichst viel Selbsterfahrung aus der Beziehung herausholen und in Bereiche vorstoßen, in die sie ohne dieses Gegenüber nicht käme. Offenbar haben ihre früheren Beziehungen gezeigt, dass der Glaube an Verbindlichkeit und Stabilität trügerisch sein kann, deshalb hält sie die Situation lieber offen: Schön, wenn es klappt, wenn nicht, geht das Leben auch weiter. Ihr Partner macht ebenfalls einen Rückzieher, wenn es heißt, die mögliche Beziehungsdauer zu bestimmen. Ist es vielleicht in dem Künstlermilieu nicht passend, sich festzulegen oder einzugestehen, dass man gerne lange als Paar zusammenbleiben würde? Oder hat es eher mit dem großen Altersunterschied zu tun, dass sich beide nicht festlegen wollen? Die Frau ist neun Jahre älter als ihr Partner, sie ist die Erfahrenere, was auch heißen kann, dass es Unterschiede in Lebenseinstellung und -auffassung gibt, die nicht unbedingt zu einer emotional stabilen Beziehung führen können, aber trotzdem zu einem künstlerisch inspirierenden und kreativen Zusammenleben. Die beiden sind ein Team, das sich gut ergänzt: Jeder ermöglicht dem anderen wichtige Erfahrungen, die sie beide jeweils in ihrer künstlerischen Arbeit weiterbringen, die sie aber nicht zur Vertiefung ihrer Beziehung nutzen können. Künstlerische Entfaltung und Verwirklichung stehen vor allem für Frau Sch. im Vordergrund, Partnerschaft ist eher ein Mittel, sich selbst näher zu kommen, die eigenen Grenzen abzutasten und vereinzelt Momente von Sicherheit zu erleben. Ihr Partner hätte da auch noch andere Ansprüche und Sehnsüchte. Er möchte sich bei einer Frau aufgehoben fühlen und ist an einer verbindlichen Beziehung interessiert, aber Frau Sch. weicht ihm aus. Trotzdem gibt es auch für ihn Augenblicke, in denen er sich wohl fühlt und das Glück zu zweit bei Kerzenschein und schöner Musik genießt.

Dieses Paar hat das große gemeinsame Ziel, sich in der Kunst zu verwirklichen und damit auch erfolgreich zu sein. Dabei ist für die Frau Entfaltung wichtiger als Beziehung. Dass sie mit dieser Haltung ihrem Partner nur wenig emotionale Sicherheit und Geborgenheit geben kann und will, ist für sie im Moment einfach so und nicht weiter problematisierenswert. Für den Mann sind Werte wie Geborgenheit und Sicherheit in der Beziehung sehr wichtig. Manchmal erlebt er sie auch. Aber es macht den Anschein, dass er immer wieder klein beigibt und seine Werte in der Beziehung nicht einfordert. Die Frau ist diejenige, die das Thema beherrscht und sich darüber wortreich auslässt und ablenkt. Die Flucht in die Arbeit gelingt vorläufig noch beiden, längerfristig ist dies aber wohl keine partnerschaftstaugliche Strategie. Spätestens dann, wenn sich die Frage nach eigenen Kindern stellt – eine Frage, für die der Mann noch lange Zeit hat, nicht aber die Frau – wird sich vermutlich zeigen, ob das Paar noch andere Gemeinsamkeiten außer der künstlerischen Arbeit entwickelt hat, oder ob es sich trennen wird.

Paar K. und S.

THEMA: Unerfüllte Erwartungen, einengende Forderungen

Frau S., 34 Jahre, ist Lehrerin und hat ein Zweitstudium begonnen. Ihr Freund, Herr K., 33 Jahre, ist Naturwissenschaftler, schreibt an seiner Dissertation und engagiert sich in Richtung Umweltschutz und Aufklärung von Umweltschäden: Er hat zum Bespiel für Firmen wie Pro Natura gearbeitet und beschäftigt sich derzeit mit Energiestiftungen, weil er sich beruflich möglicherweise dort verorten möchte, doch ist seine momentane berufliche Situation instabil.

Interview mit Paar K. und S.

RWE: *Wie würden Sie in Zukunft Ihre finanzielle Situation regeln, angenommen, Sie bleiben mit Frau S. zusammen und hätten eine Familie?*

Herr K.:   Ja, wer kann das schon so genau voraussagen? Wenn meine Freundin nach wie vor den Wunsch haben wird zu arbeiten, wird sich unser Einkommen gut ergänzen. In den Bereichen, in denen wir arbeiten – meine Frau als Lehrerin und ich als diplomierter Naturwissenschaftler – sollten wir gemeinsam schon das verdienen können, was eine Familie für ihren Lebensunterhalt braucht. Auch haben wir keine allzu großen Pläne: Wir wollen zum Beispiel kein Haus bauen; diese Last müssen wir schon mal nicht tragen. Momentan leben wir in einer Mietwohnung in der Stadt. Ich kann mir gut vorstellen, länger dort zu bleiben, aber ich habe auch nichts dagegen, nach M. zurückzukehren. Aber um aufrichtig zu sein: Die Stadtatmosphäre entspricht mir mehr.

RWE: *Für den Fall, dass Sie Kinder bekämen, wie würde Ihre familieninterne Rollenverteilung aussehen, planen Sie den Hauptteil des Einkommens zu liefern und Ihre Freundin den anderen Teil? Und wie würden Sie dann die Hausarbeit verteilen?*

Herr K.: Ja, mit dem Einkommen würde das bestimmt so aussehen, dass ich einen Großteil des Einkommens verdiene, meine Freundin einen geringeren. Was die Hausarbeit betrifft: Die wird nach Zeit verteilt und nicht nach Arbeit.

RWE: *Also, sehr flexibel.*

Herr K.: Wir machen dies bereits jetzt schon so: flexibel nach Absprache.

RWE: *Würden Sie heiraten?*

Herr K.: Ja, wenn die Vision dafür besteht.

RWE: *Wie verhält es sich in Ihrer Beziehung mit der Vorstellung von Treue? Treue ist immer ein Thema, wenn man sich verbindlich erweisen möchte, erst recht, wenn man Kinder plant. Wie stellen Sie sich das vor? Sie hatten in unserem Erstgespräch erwähnt, dass Sie verschiedentlich Fluchtimpulse verspüren?*

Herr K.: Diese Impulse sind für mich ein Zeichen, dass etwas für mich in unserer Beziehung nicht stimmt. In der momentanen Situation fühlen wir uns beide nicht sehr wohl. Dieses Unwohlsein dauert nun schon zwei Jahre an und daher kommt die Fluchttendenz. Es besteht kein prinzipieller Wunsch, untreu zu sein. Ich war in den letzten viereinhalb Jahren treu und habe keine intensiven Nebenbeziehungen zu anderen Frauen gepflegt.

RWE: *In welche Richtung müssten Sie sich jetzt beide entwickeln, damit Sie zu einer Heirat oder einer verbindlichen Beziehung überzeugt Ja sagen können, und vielleicht sogar an Kinder denken?*

Herr K.:   Dies ist eine sehr schwierige Frage. Aufeinander stolz sein zu können, das ist für mich ein Punkt, der in einer Beziehung unbedingt vorhanden sein muss, der aber bei uns völlig fehlt. Daher ist das Vertrauen geschwunden: Ich kann mich nicht darauf verlassen, dass ich jemanden an meiner Seite habe, der mir beisteht und mir, wenn ich ein Problem habe, hilft. Es ist momentan eher so, dass meiner Partnerin auch noch zusätzlich in die vorhandene Kerbe schlägt.

RWE: *Gibt es jemanden, der emotional stabil ist?*

Herr K.:   Ja, ich schätze mich als emotional stabil ein. Ich habe von allem Anfang an unsere Beziehung recht pragmatisch betrachtet und mir gedacht, dass es in meinem Leben Abenteuer genug gegeben hat und ich nun auch eine Beziehung mit einer langfristigen Perspektive eingehen könnte. Doch hat in unserer Beziehung von Anfang an ein gewisses Feuer gefehlt – der Anfang war leider nicht fulminant. Und für mich ist nun ganz klar, dass das Sexualleben eines Paares auch befriedigend sein muss, um eine Vision wie die von Partnerschaft und Ehe zu verwirklichen. Momentan ist unser Sexualleben nicht befriedigend, und das betrifft uns beide.

RWE: *Fehlt die Leidenschaft?*

Herr K.: Ja, es ist eine sehr ernüchternde Situation. Wir wissen beide, was wir möchten und wir wollen beide an unserer Beziehung arbeiten…

RWE: *Sie wissen jedoch nicht wie?*

Herr K.: Genau.

RWE: *Besteht darin für Sie ein Teil des Leidens, dass Sie das Gefühl haben, an der Beziehung »arbeiten« zu müssen? Arbeiten ist ja mit Schweiß und Anstrengung verbunden. Dass sich eine Beziehung selbstverständlich gestaltet und das Zusammenleben einfach so läuft, ist mit Passion und Leidenschaft verbunden.*

Herr K.: Ja, genau. Beide müssen fähig und bereit sein, an der Beziehung zu arbeiten. Wenn eine Beziehung jedoch nur funktioniert, wenn man sich immer etwas vornehmen muss, um dann daran zu arbeiten, ist das schon recht mühsam. Wenn die Grundleidenschaft und das Grundvertrauen in einer Beziehung fehlen, ist es schwierig und auch sehr anstrengend.

RWE: *Wie sieht die Situation aus Ihrer Perspektive aus? Haben Sie den Eindruck, dass Ihre Beziehung unbefriedigend ist und Haken hat?*

Frau S.: Ja.

RWE: *Welches ist Ihre Zukunftsvision? Was ist das Schwierige in Ihrer jetzigen Lebenssituation?*

Frau S.: Die Situation, in der ich nun seit fünf Jahren bin, meine berufliche Situation – ich arbeite in der Schule, und parallel dazu möchte ich weiter studieren – ist eine doppelte Belastung. Für mich ist beides seit etwa einem Jahr einfach zu viel, doch

159

kann ich mich zu keiner Entscheidung durchringen: Beende ich mein Studium oder gehe ich nur noch zur Schule? Dadurch war dieses letzte Jahr extrem angespannt. Ich fühle mich dauernd überlastet. Ich denke oft: Am besten du hörst auf, suchst dir eine neue Stelle und arbeitest nur noch. Dann würde ich nicht mehr weiter studieren, sondern nur noch arbeiten und etwas leisten.

RWE: *Sie würden das Studium also gerne abbrechen?*

Frau S.:   Zweigleisig zu fahren, braucht sehr viel Energie, es überfordert mich. Allerdings – der Gedanke aufzuhören, schmerzt mich auch sehr. Wieso muss ich aufhören? Ich hätte dann das Gefühl, versagt zu haben, und ich weiß, das Studium ist für mich wichtig und ich würde es gern zu Ende bringen. Da kam auch die Überlegung auf: Ich gehe vorerst arbeiten, damit er zunächst in Ruhe seine Dissertation schreiben kann. Anschließend kann ich mein Studium dann noch immer fortsetzen und es beenden.

RWE: *Sie machen parallel auch das Lizenziat?*

Frau S.:   Ja, ich würde es dann auch anschließend machen. Wir haben in den Sommerferien nochmals darüber diskutiert und gemerkt, dass es aber für mich doch sehr schwierig sein würde.

Herr K.:   Dass sie arbeitet und ich meine Dissertation schreibe …

Frau S.:   Ja, ich hätte dann ein paar Jahre Vollzeit gearbeitet und anschließend das Lizenziat gemacht, sozusagen als Rettungsanker, um eine finanzielle Stabilität und einen gesicherten Arbeitsplatz zu haben. Aber wir sind zum Schluss gekommen, dass es für mich schwierig wäre, das Lizenziat später zu machen.

RWE: *Wann hätten Sie denn gern Kinder?*

Frau S.: Ja, Kinder haben vorerst auch keinen Platz mehr. Für mich ist es eine Illusion anzunehmen, dass das alles gleichzeitig zu packen sei: das Lizenziat und die Prüfungen und nebenbei ein Kind großziehen. Das geht nicht, das wäre eindeutig zu viel. Ich unterrichte sehr gern in der Schule, aber ich habe nun auch ein Studium begonnen, um die Möglichkeit zu haben, später auch in einem anderen Bereich arbeiten zu können. Ich könnte mit meinem Beruf schon auch leben: Lehrerin zu sein, ist schön. Trotzdem möchte ich mir noch eine weitere berufliche Perspektive durch ein Studium erschließen, um in Zukunft auch mehrere Wahlmöglichkeiten zu haben.

RWE: *Das Studium ist Ihnen also sehr wichtig...*

Frau S.: Ja, und wir haben das schon besprochen, dass wir es versuchen, anders zu machen: dass ich also versuche, mein Studium auf jeden Fall zu beenden. Doch leider muss ich auch arbeiten, da wir für den Lebensunterhalt Geld brauchen. Nur habe ich andererseits die Kraft nicht mehr, beides zu machen. Die finanzielle Situation muss sich unbedingt lösen.

RWE: *Wie sieht Ihr Lieblingsszenario aus?*

Frau S.: Ich möchte nur noch Zeit für mein Studium haben.

RWE: *Und woher soll dann das Geld kommen?*

Frau S.: Ich werde meine Eltern fragen. Dies war jedoch niemals meine Traumvision. Ich wollte es immer selber schaffen, merke jedoch heute, dass ich es nicht mehr schaffe. Wenn ich so weitermache, bin ich in fünf Jahren völlig fertig.

RWE: *Es ist sehr vernünftig, ein Darlehen von den Eltern anzunehmen, oder auch einen Vorschuss auf das Erbe.*

Frau S.:   Ich muss jedoch zuerst mit der Beziehung zu meinen Eltern fertig werden, damit ich dies annehmen kann und mich nicht so gebunden fühle.

RWE: *Was heißt für Sie »sich gebunden fühlen«? Sie sind ja als Tochter ohnehin »gebunden«.*

Frau S.:   Ja, aber ich hätte unter Umständen das Gefühl, mehr Verantwortung zu haben.

RWE: *Verantwortlich zu sein für die Eltern?*

Frau S.:   Nein, aber zum Beispiel würde ich vielleicht meine Eltern öfter besuchen, als ich dies wirklich wollte.

RWE: *Sie befürchten, wenn Sie von Ihren Eltern Geld als Darlehen oder Erbe erhalten, müssten Sie öfters bei ihnen vorbeischauen?*

Frau S.:   Ich hätte das Gefühl, in einer persönlichen Schuld zu stehen, das ist schwierig.

RWE: *Nun, ein Abstecher zu Ihren Eltern: Ich habe gesehen, dass Sie im Fragebogen Ihre Mutter als eher farbig und attraktiv schildern. Bei Ihrem Vater kam das Wort Scham vor. Können Sie dies kurz erläutern?*

Frau S.:   Ich erinnere mich im Zusammenhang mit ihm an Ereignisse, bei denen ich schon als Kind nicht zu ihm stehen konnte. Das Zusammentreffen der Eltern meines Freundes mit meinen Eltern wäre für mich deshalb auch sehr schwierig. Ich wünsche mir deshalb, eine solche Begegnung möge nie stattfinden. Mit meiner Mutter hättc ich kein Problem, mit meinem Vater jedoch große…

RWE: *Weshalb, ich kenne ihn nicht? Bitte beschreiben Sie ihn mir ein bisschen?*

Frau S.: Er kommt mir manchmal so kopflos vor. Oder vielleicht gar nicht kopflos, sondern oberflächlich: Er denkt einfach nicht sehr weit. Er pflegt seine Unsicherheit, die er gegenüber Menschen hat, durch eine oberflächliche Art zu überspielen. Auch kann er nie bei einem Thema bleiben, das man gerade angeschnitten hat. Er wirkt immer unkonzentriert. Um eine Beziehung mit fremden Menschen aufzubauen, finde ich dies Verhalten recht schwierig.

RWE: *Er präsentiert etwas, was er nicht ist?*

Frau S.: Er versucht es. Doch ist sein Verhalten einfach zu durchschauen. Vielleicht empfinde auch nur ich dies als störend. In den letzten Jahren habe ich einen guten Weg gefunden, damit umzugehen, und er hat sich im Alter auch gebessert: Er ist ruhiger geworden. Das Zusammentreffen wäre vielleicht heute nicht mehr so ein großes Problem.

Herr K.: Ein Problem wäre es sowieso nicht.

Frau S.: Dies sagst du so, aber für mich wäre es trotzdem schwierig. Und es geht schließlich um mich. Ich habe eine Art Panik entwickelt, wenn ich daran denke.

RWE: *Ich komme noch mal auf die Frage zurück, dass Sie die Eltern um Geld bitten könnten. Wäre dies eher ein Darlehen oder ein Vorschuss auf das Erbe?*

Frau S.: Wahrscheinlich ein Vorschuss auf das Erbe. Wir müssten ja sonst fähig sein, das Darlehen irgendwann zurückzugeben. Das Geld wird ja sowieso einmal auch bei mir vorhanden sein. Es geht jetzt eher darum, dass ich das Gefühl habe, meine Eltern könnten denken: »Wenn du einen Mann hättest, der arbeiten würde, wäre die Situation anders.« Denn meine Eltern sind noch in der traditionellen Rollenverteilung verankert. Sie können den Weg von meinem Freund nicht nachvollziehen und verstehen. Sie haben das Gefühl, dass er seinen Weg bezüglich Familiengründung nicht richtig geplant hat. Dieses Gefühl steckt auch ein Stück weit in mir und kommt mir immer wieder in die Quere.

RWE: *Haben Sie auch die Vorstellung, dass es richtig wäre, dass ein Mann für eine Frau und potentielle Kinder sorgen muss?*

Frau S.: Ja, natürlich. Nicht, dass ich es mir nur so vorstellen kann, aber es kann durchaus auch so sein. Und genau das ist der beängstigende Punkt: Was macht K. später? Das ist recht ungewiss und macht mir Angst. Wenn ich die Idee mit dem Lizenziat weiter verfolgen würde, muss ich diesen Gedanken für zwei Jahre verdrängen können. Abgesehen davon, stellt sich mir auch die Frage: Was mache ich später? Solchen Gedanken stelle ich mich momentan viel zu wenig.

RWE: *Was Sie mit dem Lizenziat machen würden?*

Frau S.: Ja.

RWE: *Heißt dies, dass Sie es viel schwerer haben als Ihr Partner, aus der Kultur, aus der Sie kommen,*

> *eine Kultur mit Tradition, in der die Aufgaben*
> *von Mann und Frau klar verteilt sind, in eine*
> *neue Kultur hinein zu finden, die mit viel Flexibi-*
> *lität einhergeht und in der man in jedem Arran-*
> *gement mit Ungewissheit leben muss, eine Kul-*
> *tur, die Sie beide anstreben?*

Frau S.: Dies ist wirklich so.

RWE: *Dass Sie innerlich immer noch die Sehnsucht ha-*
> *ben, dass ein Mann Ihnen den Boden gibt, auf*
> *dem Sie sich entwickeln können? Diesen Boden*
> *können Sie sich nicht alleine schaffen?*

Frau S. : Nein.

RWE: *Ich denke, dies ist ein wesentlicher Punkt, wo Sie*
> *offensichtlich auch unterschiedlicher Meinung*
> *sind. Diese Unterschiede machen das Zu-*
> *sammenleben nicht einfach. Nicht unmöglich,*
> *aber nicht einfach.*

Zusammenfassende Einschätzung

Auf die Frage, ob er es sich vorstellen könnte zu heiraten, meint Herr K., das könne er schon, wenn eine »Vision«
bestünde. Doch diese fehlt, da in der jetzigen Beziehung
zu Frau S. keine gegenseitige Anerkennung und keine Be-
wunderung füreinander aufkommt. Die Vertrauensbasis ist
nicht gegeben: Man kann sich nicht darauf verlassen, unterstützt zu werden, wenn man Hilfe braucht. Herr K. fühlt sich
allein gelassen, in seiner Partnerschaft erfährt er keine Geborgenheit und Sicherheit. Im Gegenteil: Er fühlt sich von
der Frau angegriffen und verletzt, wenn es ihm schlecht
geht.

Die Beziehung hat schon sehr pragmatisch angefangen,

keine Spur von Leidenschaft und Begeisterung. Offenbar hat Herr K. sich vorgestellt, dass er mit dieser Frau eine Beziehung mit einer langfristigen Perspektive entwickeln und erarbeiten kann. Von Abenteuern hatte er genug, daher hat er sich einer praktisch denkenden, stabilen Frau geöffnet. Rührt Herr K.'s Enttäuschung daher, dass nun diese Frau nicht das gehalten hat, was sie versprochen oder was sie zu sein vorgegeben hat? Ist sie weniger warmherzig und bewundernd, weniger sexuell aktiv und attraktiv?

Auf die Frage, was sie denn in ihrem Beziehungsalltag brauchen würde, schildert Frau S. klagend ihre überlastete Situation: Sie arbeitet als Lehrerin und studiert gleichzeitig weiter. Nicht genug damit, muss sie auch noch ihre Lizenziatsarbeit planen und hat große Angst, ihr Studium, das ihr sehr am Herzen liegt, da es beruflich neue Zukunftsperspektiven bietet, zu vernachlässigen oder gar abbrechen zu müssen. Diese Sorgen um ihr berufliches Weiterkommen plagen sie jedenfalls mehr als die unbefriedigende Beziehung zu ihrem Partner. Seine Unzufriedenheit mit ihrer Beziehung äußert eher Herr K., aber auch Frau S. scheint in der Beziehung nicht glücklich zu sein. Sie hat Ansprüche an Herrn K., die dieser nicht bereit ist, zu erfüllen. Er müsste ihren gemeinsamen Lebensunterhalt finanzieren, damit sie ihr Studium beenden kann. Da er aber an seiner Dissertation arbeitet und wenig verdient, kann er dies nicht gewährleisten. Frau S. beklagt sich allerdings darüber nicht direkt, sondern schiebt ihre Eltern vor: Die seien in der traditionellen Rollenverteilung verankert und könnten Herr K.'s Weg nicht nachvollziehen und verstehen. Aber auch in ihr, bemerkt Frau S., stecke dieses »Gefühl«, dass der Mann etwas leisten müsse. Es kommt ihr zwar in die Quere, sie möchte theoretisch ein neues Beziehungsmodell leben, das Unwägbarkeiten und Unsicherheiten mit einschließt, aber sie hat andererseits Bedenken und Ängste.

Dieses Paar erlebt seine Beziehung in keiner Weise als Ort emotionaler Stabilität. Da die Verbindung von Anfang an eher auf Pragmatismus als auf körperliche und emotionale Attraktivität gründet, erfüllen offenbar beide Partner die Wünsche des anderen nicht. Sie möchte von ihm, dass er ihr mit seiner materiellen Unterstützung den Rücken frei hält für ihre Entfaltung (Studium), er hat ähnliche Wünsche an sie, er möchte seine Dissertation zu Ende schreiben. Ein erfülltes Sexualleben ist für ihn wichtig, um die »Vision« einer verbindlichen Partnerschaft zu realisieren. Für sie hingegen ist das Thema nicht brisant, sie kann in ihrer momentan sehr angespannten Lebenssituation darauf gar nicht eingehen. Daraus folgt, dass sie sich keine Kinder mit ihm vorstellen kann: Wie soll das denn gehen, wenn er nicht für die Familie sorgen kann? Er wird durch sie, aber auch durch ihre Eltern, in eine traditionelle Männerrolle gedrängt und, gemessen an dieser klassischen Rolle, wird er als Versager hingestellt. Das sind für ihn herbe Schläge.

In dieser Beziehung ist jeder auf seine Weise bedürftig, doch besteht von keiner Seite die Möglichkeit, sich gegenseitig zu unterstützen und zu helfen. In dieser vor allem seelisch bedingten Notsituation entwickelt der Mann Fluchtphantasien, während sich die Frau klein und hilflos darstellt. Beide haben ein beträchtliches intellektuelles Potential und mit ihren Studiengängen gute berufliche Perspektiven, trotzdem sind sie völlig ohnmächtig, einen Ausweg aus ihrer bedrückenden Situation zu finden.

Einige Zeit später erfuhr ich, dass sie sich getrennt haben.

Paar T.

THEMA: »Dein Geschäft ist dir viel wichtiger als ich!«

Frau T., 30 Jahre, ist selbstständige Friseurin und betreibt zusammen mit einer Berufspartnerin seit drei Jahren einen eigenen Friseursalon. Ihre Eltern sind Italiener und stammen ursprünglich beide aus Sizilien. Vor etwa 40 Jahren sind sie in eine Gemeinde am Rand von Zürich gezogen, wo sie heute noch leben. Frau T. ist bei ihnen aufgewachsen und lebte bis zur Trennung von ihrem Mann ebenfalls dort. Frau T. hat einen jüngeren Bruder, der 22 Jahre alt ist und auch noch in derselben Ortschaft lebt, aber in einer eigenen Wohnung. Sie pflegt den Kontakt zu ihren Eltern und ihrem Bruder, den Bruder sieht sie allerdings eher selten.

Herr T., 34 Jahre, arbeitet seit vierzehn Jahren als Heizungsinspektor bei einer Firma am Ostufer des Zürichsees. Er repariert und montiert Ölbrenner. Zwar hat er keine Lehre, aber dafür eine in der Schweiz anerkannte Privatschule für Automechaniker absolviert. In dieser Schule wurde auf Italienisch unterrichtet, die Prüfungen legte Herr T. in der Landeshauptstadt von Apulien ab. Seine Eltern stammen ursprünglich aus Neapel. Er selbst ist aber in der Schweiz geboren und lebte hier ein Jahr lang mit seiner Mutter in einer Gemeinde, die nur 30 km vom Heimatort seiner Frau entfernt gelegen ist. Danach wurde er von den Eltern nach Italien gebracht, wo er zunächst bei seiner Großmutter und nach deren Tod bei seiner Tante, der Schwester seiner Mutter, lebte. Als Elfjähriger fiel Herr T. in der Schule durch Konzentrationsstörungen auf. Die Lehrer waren der Meinung, dass ihm der Vater fehle. Als dann seine Mutter seinen jüngeren Bruder zur Welt brachte, wurde

Herr T. von seinen Eltern zurück in die Schweiz geholt. Auch seine um ein Jahr ältere Schwester, die ebenfalls in Italien aufgewachsen war, wurde ein Jahr später in die Schweiz zurückgebracht.

Die Rückkehr in die Schweiz bereitete Herrn T. zu Beginn Schwierigkeiten. Er gewöhnte sich aber an die neue Umgebung, fand Anschluss und Freunde. Die deutsche Sprache erlernte er allmählich auch und, da ihn seine Eltern während der Zeit in Italien drei Mal pro Jahr besuchen kamen, war es für ihn nicht sehr schwierig, sich wieder an das Familienleben zu gewöhnen und sich zu integrieren. Die Geburt seines jüngeren Bruders stellte für ihn keine Schwierigkeit dar. Herr T. hat bis heute eine gute Beziehung zu ihm und pflegt den Kontakt sowohl zu ihm als auch zu seinen beiden anderen Geschwistern. Die Eltern von Herrn T. wohnen auch heute noch in der Gemeinde, in der sie sich ursprünglich, nach ihrer Migration in die Schweiz, niedergelassen hatten. Seine Schwester wohnt mit ihrer eigenen Familie in der Nähe der Eltern.

1993 haben Herr und Frau T. geheiratet. 2001 kam ihre Tochter Delja zur Welt. Zum Zeitpunkt des Gesprächs lebte das Ehepaar T. getrennt, die Tochter lebte bei der Mutter. Während der Arbeitszeiten der Mutter wurde die Tochter von den Großeltern mütterlicherseits bis nachmittags betreut, danach wurde sie von einer Kollegin von Frau T. abgeholt. Vor der Trennung holte sie immer Herr T. ab.

Interview mit dem Paar T.

RWE: Gibt es in Ihrer Beziehung das Spannungsfeld zwischen alter Tradition, die besagt: Eine Familie gehört zusammen, man trifft sich abends und hat es gut miteinander, und modernen Werten, wo eine Frau selbstständig und beruftätig ist, wo sie Karriere macht oder etwas Eigenes wie zum Beispiel einen Laden oder, wie in Ihrem Fall Frau T., einen Friseursalon aufbaut? (Beide nicken).

Herr T.: Ich bin auch glücklich, wenn meine Frau glücklich ist. Sie wollte den Friseursalon, für mich war sofort klar, ich unterstütze sie dabei und ich habe sie dann auch immer ermutigt: »Das kriegen wir schon hin! Dann arbeitest du halt drei Tage in der Woche und drei Tage ist der Salon geschlossen. Du verdienst ein bisschen Geld, machst das, was du gut kannst, bist abgelenkt und eben keine Hausfrau.« Ich habe aber nicht ahnen können, dass sich die Sache mit ihrem Salon zu einer Vollzeitbeschäftigung von Montag bis Freitag entwickelt. Nein, so hatte ich mir das nicht vorgestellt! Denn ich arbeite auch von Montag bis Freitag und kann nicht jeden Tag um fünf aufhören, um die Kleine abzuholen. Auch kann es nicht selbstverständlich immer so sein, dass ich jeden Samstag auf die Kleine aufpasse, weil meine Frau arbeiten muss.

RWE: *Wie verteilen sich Ihre Rollen im Alltag? Wie ist es um die Balance zwischen Privatsphäre und Berufsleben bestellt?*

Herr T.:   Ich übe meinen Beruf sehr gerne aus, das muss ich ganz offen sagen.

RWE: *Machen Sie Überstunden?*

Herr T.:   Nein, ich bin auch sehr viel zu Hause, außer ich habe in der Früh Bereitschaftsdienst.

RWE: *Und am Wochenende?*

Herr T.:   Ja, oder am Wochenende.

Frau T.:   Was sich öfters als Streitpunkt zwischen uns entwickelt, ist, wenn ich manchmal am Abend zu lange arbeite. Mein Mann geht die Kleine holen, ist um halb sechs zu Hause und wartet auf mich.

Herr T.:   Ich muss mich einfach immer um die Kleine kümmern. Ich koche auch für sie, und irgendwann kommt dann meine Frau: Meist kommt sie um halb acht oder acht Uhr nach Hause.

RWE: *Und das nervt?*

Frau T.:   Ich glaube, es belastet ihn.

Herr T.:   Nicht, dass mich das belasten würde, ich mache das gern. Was mich aber vor allem belastet, ist das, was nachher passiert, wenn sie dann zu Hause ist. Die Stimmung zu Hause, die sich dann immer einstellt – das ist das, was mich stresst.

RWE: *Also, es ist weniger das, dass Sie auf die Kleine aufpassen und kochen…*

Herr T.:   Nein, mich stört die Kleine nicht und ich bin gern mit ihr zusammen. Früher habe ich von Montag bis Freitag auf sie aufgepasst und samstags den ganzen Tag. Also, das habe ich wirklich nicht ungern gemacht, das habe ich sogar sehr gern gemacht. Gestresst hat mich immer wieder, dass wir in der kurzen Zeit, in der wir zusammen waren, kaum miteinander gesprochen haben.

171

RWE: *Wie muss ich mir das vorstellen? Sie sind nach Hause gekommen, haben die Kleine geholt, haben gekocht, haben sich mit der Kleinen beschäftigt ...*

Herr T.: Ja, ich habe immer gekocht. Wir essen immer zu Abend, zumindest eine Kleinigkeit. Und wenn ich mal nicht gekocht habe, haben wir uns eine Pizza geholt. Wenn dann meine Frau kam, haben wir gemeinsam gegessen und danach habe ich die Kleine ins Bett gebracht. Wir haben noch ein bisschen Fernsehen geguckt und sind ins Bett.

RWE: *Das ist alles?*

Herr T.: Ja, das ist das Ende eines jeden Tages.

RWE: *Und was hätten Sie denn gewollt?*

Herr T.: Ein bisschen mehr von ihr.

RWE: *Das heißt, ein bisschen Schmusen, wie das ein junges Paar so macht. (Frau T. nickt zustimmend)*

Herr T.: Ja, ja.

RWE: *Und Sie Frau T, wie haben Sie die Abende jeweils erlebt?*

Frau T.: *(räuspert sich)* Ich bin abends einfach ausgelaugt.

RWE: *Und was wollten Sie dann?*

Frau T.: Schlafen. Ich wollte Ruhe haben und abschalten. Ich kam meist nach Hause, und schon war die Kleine da und wollte dies oder jenes mit mir machen, oder mein Mann rief: »Schatz, hilf mir«. Dann ist vielleicht noch die Waschmaschine gelaufen und ich musste in den Keller, um die Wäsche aufzuhängen. Es gab einfach nicht die Möglichkeit: nach Hause kommen und mich hinsetzen, um abzuschalten oder irgendwie »herunterzukommen«. Mein Salon und die Wohnung sind nur zwei Minuten zu Fuß voneinander entfernt, also ich kann zum Beispiel nicht einmal eine Viertelstunde Auto fahren, um währenddessen abzuschalten.

Herr T. Ich habe ihr immer gesagt, sie soll weniger arbeiten.

Frau T.: Du hast das Kind nur drei Abende in der Woche gehabt!

RWE: *Ist das ein Thema?*

Frau T.: Ja, das ist ein recht kritisches Thema.

Herr T.: Die Balance zwischen Nähe und Distanz stimmt nicht.

RWE: *Das ist bei vielen jungen Paaren ein Thema, wenn der eine oder der andere selbstständig ist. Es gibt ja auch Männer, die selbstständig sind, und da findet dann die Frau: »Dein Geschäft ist dir viel wichtiger als ich!«*

Herr T.: Ja, das ist so.

RWE: *Was war denn ursprünglich die Idee bei Ihnen, als Sie zusammengekommen sind und als Sie dann geheiratet haben? Haben Sie an das gedacht, wie das mal sein wird – mit all dem, mit Beruf, Kind und Paarbeziehung?*

Beide: Nein!

Herr T.: Ich habe mir nie Sorgen gemacht und hatte auch nie Prinzipien: Mir wäre es auch egal gewesen, ob ich nun arbeite oder Hausmann werde. Als wir das Haar-Studio gekauft haben, war mein Ziel nicht, aus uns Millionäre zu machen. Mein Ziel war lediglich, dass es für meine Frau gut ist, ein bisschen Ablenkung zu haben. Und wenn sie vielleicht tausend Franken verdient, dann würde es uns besser gehen, als wenn die tausend Franken nicht da wären. Aber das soll nicht heißen, ich brauche ihren Verdienst. Nein, ich bin nicht spitz darauf!

Als die Kleine auf die Welt kam, stimmte es aber auch schon nicht mehr. Ich habe mich damals nicht zurückgezogen. Als sie arbeiten ging, bin ich in der Nacht aufgestanden und habe unserer Tochter Milch gegeben, damit meine Frau am nächsten Tag ausgeschlafen ist. Und damals stimmte es auch nicht mehr, und sie weiß es ganz genau.

Zusammenfassende Einschätzung

In dieser Beziehung fühlt sich der Mann ausgebeutet, weil er mit seiner Frau nichts mehr teilen kann: kein Gespräch, keine Zeit mit Zärtlichkeiten, keinen Sex. Sie entzieht sich, weil sie unter einer starken beruflichen Belastung mit ihrem eigenen Laden steht. Aus Sicht des Mannes, der sie beim Aufbau des Geschäfts und auch nachher finanziell unterstützt hat, hat sie offenbar mit ihrem selbstständig-beruflichen Engagement den vorab festgelegten Rahmen weit überzogen. Er hat sie seiner Meinung nach vielfach unterstützt und auch sehr viel Verständnis für ihr Bedürfnis nach einer eigenständigen Beschäftigung gezeigt; seinen Pflichten als Hausmann ist er auch nachgekommen und hat das Kind regelmäßig betreut, damit sie arbeiten kann. Sogar die Mühe, nachts aufzustehen, um der Kleinen das Fläschchen mit Milch zu geben, hat er nicht gescheut. Dafür fordert er jedoch mehr Zuwendung und Aufmerksamkeit von seiner

Frau. Das wiederum bringt die Frau erst recht unter Druck und sie verweigert sich. Ihre ganze Energie fließt in ihr Geschäft, zu Hause möchte sie sich nur noch erholen und entspannen. Deshalb geht sie auch einmal in der Woche mit einer Freundin tanzen, wie sie in einem weiteren Gespräch erzählt. Seit der Geburt des Kindes haben sie als Paar keine Zeit mehr allein verbracht. Auch sonst waren sie häufig mit Freunden oder Familienangehörigen zusammen.

Sehnsucht nach Geborgenheit in der Beziehung ist vor allem beim Mann erkennbar, allerdings verwechselt er die emotionale Beziehung mit einer »Handelsbeziehung«: Ich gebe dir Geld und betreue das Kind, dafür bist du für mich da, gibst mir deine Zeit und befriedigenden Sex. Seine Frau lässt sich auf diesen Handel nicht ein. Was bei ihr passiert, ist, dass aus dem attraktiven »Mann fürs Leben« ein lästiger Mann geworden ist. Ob die Frau von ihrer Familie genug abgelöst ist, um einen neuen Ort für emotionale Stabilität mit ihrem Mann zu entwickeln? Jedenfalls beharrt sie auf ihrem Recht, neben ihrer Arbeit einmal pro Woche tanzen zu gehen, wie sie das als Jugendliche getan hat. Ihre berufliche und persönliche Entfaltung scheint ihr zu diesem Zeitpunkt wichtiger zu sein als die Paarbeziehung. Eigentlich braucht sie den Mann nicht mehr. Ob er mit seiner wechselhaften Geschichte – in der Schweiz als Italiener geboren, dann von den Eltern nach Italien zu Großmutter und Tante »verbannt«, um schließlich wieder von den Eltern in die Schweiz zurückgeholt zu werden – fähig ist, in sich selbst einen stabilen Ort zu schaffen, um nicht so bedürftig und emotional nicht so abhängig zu sein, ist nicht klar. Als Kinder italienischer Migranten haben er und die Geschwister erlebt, dass die Eltern hart arbeiten mussten und allgemein recht viel für ihre Familien »geopfert« haben. Dass sich jemand Zeit für die Partnerschaftspflege nimmt, haben sie dort nicht erlebt und gelernt.

Frau und Herr T. teilen die Erfahrung der »Secondos«[7], also der Kindergeneration von in die Schweiz eingewanderten Italienern. Die Biographien der beiden Partner sind jedoch unterschiedlich. Während Frau T. mit ihren Eltern von Geburt an in der Schweiz aufwuchs und ihr gesamtes Leben an einem Ort verbrachte, war Herr T. über einen längeren Zeitraum hinweg einem »älteren Migrationsmuster« ausgesetzt: Zwar ist er in der Schweiz geboren, nach einem Jahr allerdings wurde er zusammen mit seiner Schwester nach Italien geschickt und dort von Verwandten großgezogen. Nachdem er in der Schule Auffälligkeiten zeigt, holen ihn die Eltern zurück in die Schweiz, und später auch seine Schwester. Jedoch bleibt die Migrantenfamilie, was das Gastland anbelangt, defensiv: Seine Ausbildung absolviert Herr T. in einer italienischsprachigen Schule.

Sowohl Frau als auch Herr T. stammen aus Familien aus dem Mezzogiorno und sind dadurch mit dem dort üblichen Modell des sogenannten »Immobilismus« (Unbeweglichkeit) und »Familismus« (Familiendominanz) konfrontiert. Bei der Herkunftsfamilie von Frau T. ist die Bereitschaft, sich zu verändern und sich weiterzuentwickeln größer, die Familie kann als »vorwärtsgewandt« bezeichnet werden, was bei Frau T. dann auch dazu führt, dass sie sich als selbst-

---

7 Der Schweizer Bundesrat Leuenberger definiert im Zuge der aktuellen Schweizer Einbürgerungsdebatte »Secondos« als »Papier-Ausländerinnen und -Ausländer, die Einheimische sind und sich als solche fühlen, die hier geboren sind, oder einen großen Teil ihrer Schulzeit hier verbracht haben«. Secondos erbrächten für das Land kulturelle, soziale und finanzielle Leistungen von größter Bedeutung, doch politische Rechte hätten sie nicht.

176

ständige Frau ihrem Beruf widmen möchte, zu ihrer Großfamilie bricht sie allerdings den Kontakt nicht ab.

Diese Konstellation kollidiert nun mit der Paarvorstellung von Herrn T. Gegen Selbstständigkeit hat er nichts einzuwenden, solange er das Ruder in der Hand behält. Er will als »pater familias« auftreten und geschätzt werden. Für ein regelmäßiges Einkommen kann er sorgen, da ihm sein Job Spaß macht und er auch ein zuverlässiger, treuer Mitarbeiter seines Betriebs ist, der auch am Wochenende einspringt und Bereitschaftsdienst leistet. Mit seinen Einkünften finanziert er das Geschäft seiner Frau, dessen ökonomischer Beitrag zum Familieneinkommen von ihm als zweitrangig eingeordnet wird. Er geht so weit, den Beruf der Ehefrau als »Ablenkung« und damit als eine Art Freizeitbeschäftigung zu betrachten, für die maximal drei Tage in der Woche genügen müssen.

Solange dieser Rahmen besteht, ist Herr T. auch bereit, im Bereich der alltäglichen Aufgaben in Haushalt und Familie einen Beitrag zu leisten, der über das traditionelle Familienmodell seiner süditalienischen und Schweizer Herkunft weit hinausgeht. Er kocht für die Familie und betreut die kleine Tochter – tagsüber und auch nachts. Doch da er immer wieder »leer« ausgeht und ihm seine Frau entgleitet, äußert er seinen Unmut und seine Unzufriedenheit.

Beim Ehepaar T. kollidiert ein Paarmodell, das den Partnern gleiche Rechte und Pflichten im Familienalltag und im Beruf einräumt, mit einem Familienmodell, in welchem der Spielraum der beruflichen Karriere der Ehefrau direkt abhängig gemacht wird von deren Bereitschaft, für ein warmes Paar- und Familienklima zu sorgen. Dieses Familienmodell will dem beruflichen Engagement der Partnerin Grenzen setzen. Doch da sich die Frau aus diesem Fallbeispiel darauf nicht einlassen und keine andere gemeinsame Lösung gefunden werden konnte, ließ sich das Paar schließlich scheiden. Das gemeinsame Kind ist nun bei den Eltern der Frau untergebracht.

Paare:
Ihre Konflikte und ihre Lösungen

Paare kommen zur Beratung, wenn sie an ihre Grenzen sto-
ßen und Hilfe brauchen. Wer Konflikte nicht löst, solange
sie aktuell sind, verschiebt die »offenen Konten« von Schuld
und Scham auf eine spätere Lebensphase mit noch weniger
Perspektiven, angemessene Lösungen zu finden, was nicht
selten zu Trennung, chronischer Verstimmung, Depression
oder auch zu Krankheit führt.

Die hier ausführlich behandelten acht Fallbeispiele zeigen
anschaulich, wie Paare heute ihren individuellen Alltag leben, aber darüber hinaus – und das betonte ich bereits zu Beginn dieses Buches – sind sie auch ein genaues Abbild der
gesellschaftlichen Verhältnisse, in denen wir heute leben.
Wir können also keinesfalls so tun, als ob ein Paar allein mit
gutem Willen seine Welt autonom zu gestalten hat. Wir alle
sind abhängiger von der Welt draußen, als uns lieb ist. Die
Arbeitswelt und der Zeitgeist (wie er sich z.B. in den Medien manifestiert) prägen uns mehr, als wir wahrnehmen
und annehmen wollen. Moderne Zweierbeziehungen liegen
im Spannungsfeld zwischen gestern und morgen, zwischen

Sehnsucht nach Zugehörigkeit und altmodischer Romanze sowie der Überflutung mit immer neuen technokratischen Errungenschaften und ihrer Aufforderung zu wählen.

Zweifellos gibt es Handlungsfreiräume und Eigenverantwortung in jedem Einzel- und Paarleben, und dieses Anliegen steht im Zentrum jeder Paarberatung, ernst genommen wird dabei vor allem der Grundsatz: Wenn sich im Kleinen etwas verändert, verändert sich irgendwann auch im Großen etwas! Das ist zumindest meine Zuversicht als Therapeutin und Beraterin, und an der halte ich fest, wenn ich im Folgenden einige Lösungsansätze für die Themen präsentiere, die sich in unseren Untersuchungen als die hauptsächlichen Konfliktbereiche gezeigt haben: Partnerschaft, Aufgabenverteilung in der Partnerschaft, Fragen zu Beruf, Karriere und finanzieller Situation, Partnerwahl und Partnerperspektiven, Kommunikation zwischen den Partnern und mit anderen Menschen, Bedeutung von Ehe und Kindern, Zukunftsvorstellungen, Beziehungsleben und soziale Netzwerke abdecken. Für alle von mir befragten Paare ist Zugehörigkeit das wichtigste Anliegen. Denn das, was eine gute Paarbeziehung ausmacht, ist Zugehörigkeit. Auf sie bezogen ergeben sich auch die Lösungsansätze für Schwierigkeiten im Alltag eines Paares:

- *Die Vorgeschichte jedes Partners* ist kein Grund für das Scheitern von Ehe und Familie, denn die Karten werden von jedem Paar immer wieder neu gemischt. Sich schlecht fühlen ist kein Grund für schlechtes Benehmen.
- *Liebe als Gefühl*, das vorhanden ist oder fehlt, garantiert noch lange keine Zusammengehörigkeit. Wir haben die Entscheidungsfreiheit und die *Verantwortung* dafür, wie wir Liebe in den Alltag übersetzen.

- *Lange Weile* gehört zu jeder Paargeschichte – sowohl als »langer Atem« als auch als ganz gewöhnliche Langeweile. Langeweile gehört zur Liebe und ergibt schließlich Zusammengehörigkeit.[8]
- *Lust und Sexualität*: Geborgenheit kann auch in der *alltäglichen Zärtlichkeit* gefunden werden. Dafür braucht es aber die Gewissheit, dass auch bei »Durststrecken« in der Sexualität andere Formen der Begegnung möglich sind: durch Gespräche, durch Blickkontakte, durch Zärtlichkeit, und dass beide, Frau und Mann, als Individuen, den ersten Schritt tun können. Wenn aber die alte Formel »Der Mann begehrt, die Frau lässt sich begehren« zementiert wird, fehlt die Möglichkeit spielerischer Rollenvielfalt.
- Langfristig ergibt die *Rollenvielfalt* mehr Perspektiven als die Trennung in Frauen- und Männerwelt. Das bedeutet frühzeitiges *Verhandeln* und auch, dass Männer lernen, sich nicht in eine passive, schweigsame Haltung zu flüchten, wenn die Beziehung kritisch wird, und Frauen nicht in die Opferrolle gehen (»arme Frau, böser Mann«), sondern klar und deutlich sagen, was sie wünschen.
- *Geschlechterrollen und -strategien* sind lernbar und können also auch ohne Weiteres verworfen, aufgegeben oder neu erlernt werden.
- *Geschichten zu erzählen*, um Nähe und Zugehörigkeit herzustellen, ist nicht nur eine Kommunikationsmöglichkeit für Frauen und Kinder, sie kann auch von Männern praktiziert werden!
- *Zeitinseln für das Paar,* für jeden Partner und für die Familie, können eingerichtet werden, am besten lässt sich

---

8 Siehe Rosemarie Welter-Enderlin: Paare – Leidenschaft und lange Weile. Die Kunst des Lebens zu zweit. Verlag Herder, Freiburg 2009

dies realisieren, wenn man sie wöchentlich plant und in seinem Terminkalender festhält. Diese Zeitinseln müssen so wichtig werden wie andere Verpflichtungen, sonst sind sie wenig wert. Am besten laden sich die Partner abwechslungsweise auf ihre »Insel« ein und sind für den anderen »Gastgeber«, damit dieser sich fallen lassen kann. Das betrifft auch die Initiative für Gespräche: Sich Zeit für ein gutes Gespräch nehmen – egal, ob über eine Beziehungsthematik, ein kürzlich gelesenes Buch, eine besichtigte Ausstellung oder einen Kinofilm – lässt Nähe und Vertrautheit aufkommen, auch wenn unterschiedliche Meinungen geäußert werden.

- *Streit* gehört zu den wichtigen Symbolen von Zusammengehörigkeit, wenn dahinter nicht ständig das Gespenst der Trennung oder des Verlassenwerdens droht, sondern Respekt für die Unterschiedlichkeit des anderen auch in kritischen Zeiten Platz hat.

- *Wohnen und Gewohnheiten* bedeuten nicht nur für die Kinder, sondern auch für das Paar Orte der Zusammengehörigkeit. Kein Zufall, gehören die beiden Worte zusammen! In *den Gewohnheiten und den Ritualen* oder Festen fühlen sich Menschen aufgehoben.

- Auch *Reden und Zuhören* zu klar vereinbarten Zeiten ist wichtig, zum Beispiel als Einladung zu einer Familienkonferenz, nicht als »Familienschlauch«. Bei heranwachsenden Kindern und Jugendlichen bewährt sich das Sonntagabend-Ritual; alle essen zusammen und reden über die Ereignisse, die im Alltag nebenher gelaufen sind. Mit dem Terminkalender planen sie zusammen die kommende Woche oder auch gemeinsame Ferien. Genauso wichtig sind die besonderen Anlässe; Geburtstage, Festtage, Ferien, die Freude über ein gelungenes Projekt oder auch über die ersten Erdbeeren aus dem Garten gehört auch dazu. Abschieds- und Trauerrituale markieren das Ende einer Lebensphase und einen möglichen Neuanfang. Rituale im Alltag vernetzen die Kleinfamilie und das Paar mit anderen Menschen und schaffen so ein Gefühl der Zusammengehörigkeit über die Familie hinaus. Diese Zusammengehörigkeit mit anderen Menschen entlastet die Familie von der Überhitzung der Erwartungen im Innenraum und ermöglicht Unterstützung bei kritischen Lebensereignissen.

Im Rückblick auf eine Beratung, wenn ich Paaren die Frage stelle, was ihnen denn in der Auseinandersetzung miteinander geholfen hat, berichten die meisten Paare Folgendes:

- Die Erinnerungsarbeit und der Rückblick auf die ursprünglichen Bilder voneinander als Paar in der Zeit der ersten Liebe, dabei vor allem die Frage: *»In welche Seiten meines Partners/meiner Partnerin habe ich mich verliebt, und warum bekämpfe ich diese heute?«*
- Der Blick in den »Keller« der gemeinsamen Geschichte, wo das »Eingemachte« jeder Paarliebe lagert, aber auch die Skelette der unabgeschlossenen Geschichten verborgen sind, dabei steht die Absicht im Vordergrund: die quälenden und belastenden Geschichten der Vergangenheit abzuschließen, um sie nie wieder als unbearbeitete, unfertige Geschichten immer wieder aufwärmen und auftischen zu müssen. Getanes Unrecht muss jeder einsehen, sich dafür entschuldigen und von dem anderen Verzeihung erfahren.
- Die »zweite Ablösung«, die durch die therapeutische Intervention nicht nur von den eigenen Eltern, sondern auch von alten unpassenden Lebensentwürfen vollzogen werden konnte.

Zusammenfassung

Im Folgenden will ich die wichtigsten Ergebnisse meiner Erfahrungen und Untersuchungen zusammenfassen:

- In den heutigen Partnerschaften innerhalb unserer »Multioptionsgesellschaft« erleben wir häufig eine Mischung zwischen Tradition und Moderne, wobei traditionelle Orientierungs- und Handlungsmuster dominieren.
- Werte wie Beständigkeit, Dauerhaftigkeit, Verbindlichkeit und Treue werden von allen, die uns über ihr Zusammenleben berichtet haben, hoch bewertet.
- Die Ehe ist nach wie vor die wichtigste Organisationsform von Partnerschaft. Sie wird als äußeres Zeichen dafür gewertet, dass ein Paar großen Wert auf eine verbindliche Beziehung legt. Die Ehe ist kein Auslaufmodell, wie es die Medien gern suggerieren wollen, indem sie sich auf die Scheidungsraten in den westeuropäischen Ländern beziehen, sie ist auch bei jungen Menschen durchaus fest etabliert.
- Traditionell ist in gewisser Hinsicht auch die Rollenver-

teilung: Nach wie vor sind Frauen für das Gemeinschaftliche in einer Familie zuständig, sie orientieren sich viel stärker am Wir als die Männer, die sich vielmehr auf die Berufswelt konzentrieren. Aktivitäten mit den Kindern, mit den Eltern bzw. Schwiegereltern sowie mit dem Freundeskreis oder der näheren Umgebung verdanken sich der Initiative der Frauen. Für den Haushalt jedoch fühlen sich die meisten Männer mit verantwortlich, vielen ist es sogar ein großes Anliegen, von den Kindern auch als Hausmann wahrgenommen zu werden. Trotzdem lastet Alltagsbewältigung bei Paaren und Familien vor allem auf den Schultern der Frauen.

- Dass wir in einem Zeitalter des Individualismus und Egoismus leben, lässt sich aus meiner therapeutischen und beratenden Praxis nicht belegen; auch die Forschungsergebnisse unseres Instituts bilden diese Zeitdiagnose nicht ab. Deshalb gehen wir davon aus, dass das ein mediales bzw. soziologisches Konstrukt ist, das im Alltag von jungen Paaren und Familien wenig Relevanz hat.

- Die eigene Entfaltung und Weiterentwicklung – beruflich, aber auch privat – liegt den meisten Paaren am Herzen, aber nicht, wenn sie die Familiengemeinschaft beeinträchtigt. Deshalb steht auch hier für die meisten die gemeinsame Entfaltung im Vordergrund.

- Für alle jungen Paare ist die berufliche Orientierung und das Vorankommen im Beruf wichtig; die meisten Männer wünschen dies auch ihren Frauen und sind bereit, weniger zu arbeiten, um die Betreuung der Kinder und den Haushalt übernehmen zu können.

- Familienväter sind heute keine Patriarchen mehr, sie gehen auf die Bedürfnisse der Familie ein und zeigen sich in Worten und Taten von ihrer gefühlvollen Seite.

- Die Kommunikationsstrukturen in den Familien sind offen und durchlässig; Auseinandersetzungen und Streit sind möglich geworden, ohne dass Familien sie gleich als Bedrohung oder Bruch empfinden.
- Insgesamt sind die Beziehungen junger Paare zu ihren Kindern, Eltern sowie anderen Verwandten, zu Freunden und Bekannten authentisch. Es gibt kaum noch die Bereitschaft, ungelöste Themen unter den Teppich zu kehren, auf dass sie über Jahre zu großen Konfliktherden anwachsen.
- Die Bereitschaft, in schwierigen Situationen oder Krisen professionelle Hilfe zu suchen und anzunehmen, ist signifikant gestiegen.

Fazit: Partnerschaft wird heute als Ort emotionaler Stabilität angesehen, und junge Familien sind bereit, dafür einiges zu tun, auf dass es auch so bleibe. Sie wollen sich treu sein, zusammenbleiben, keine Geheimnisse voreinander haben, sich gemeinsam entfalten und beruflich vorankommen. Wir haben keinen Grund, alarmiert zu sein: Paare sind auf dem besten Weg! Sie streben eine Balance zwischen Ich und Wir an und haben dabei die besten Chancen, sie in ihrem »paradiesischen Diesseits« zu finden!

Selbst wenn viele traditionellen Werte und Orientierungen von der jungen Generation gut geheißen und beherzigt werden, steht eines fest: Nach einer patriarchalen Familienstruktur sehnt sich niemand zurück. Das Modell, das sich unhinterfragt nach »Hof, Sippe, Stamm« orientiert und um einen »starken«, autoritären »pater familias« gruppiert, wo Kinder von der Mutter ausschließlich *für* den Vater erzogen werden, Weiblichkeit nur im Innenbereich zählt, auf Körperlichkeit und Hausarbeit reduziert wird, wo das Ich nichts, hingegen das Wir alles ist, wo es keine Möglichkeit für Dialoge und Austausch gibt und einer für alle bestimmt, dieses Familienmodell hat Anfang des 21. Jahrhunderts tatsächlich ausgedient. Es ist von einem Familienmodell mit einem menschlichen Antlitz abgelöst worden, wo Väter, Mütter und Kinder ihre Freude, ihren Schmerz sowie alle anderen Gefühle frei ausdrücken dürfen, ohne Angst haben zu müssen, dafür stigmatisiert oder bestraft zu werden. In der Familie, wie sie heute gelebt wird, entwickeln sich Verantwortung und Verbindlichkeit aus Überzeugung und Einsicht, nicht infolge tyrannischer Herrschaft. Für jedes Familienmitglied kann somit die Familie ein Ort der Selbstfindung sein, wo Gespräche stattfinden und Geschichten erzählt werden, wo über Werte und Ausrichtungen verhandelt wird und sie nicht von oben, von einem autoritären Subjekt angeordnet werden. Daher ist in den Familien heute Vielfalt, Gleichberichtigung und Gleichwertigkeit möglich. Im heutigen Familienganzen wird jeder als einzigartige Persönlichkeit wahrgenommen und anerkannt. Dem Ich muss es dabei genauso gut gehen wie dem Wir. Die Zeit der Unterordnung und »Sklavenhaltung« in der Familie wie in der Gesellschaft ist endgültig vorbei. Und darüber können wir uns freuen! Auch über die vielen neuen Probleme, Krisen und Konflikte, die sich selbstverständlich aus diesem Wandel der Familienstruktur sowie der gesellschaftlich bedingten und – wie wir verfolgen konnten – nicht immer leicht zu handhabenden Flexibilität ergeben.

Trotz erschreckender Scheidungsrate leben heute viel mehr Menschen verheiratet als Anfang des letzten Jahrhunderts; durch die gestiegene Lebensdauer steigt auch die Ehedauer automatisch; und würde man die Ehedauer und die Häufigkeit der Eheschließungen pro Individuum sowie

188

die vielen Paare ohne Trauschein in den Statistiken dieser Welt mit berücksichtigen, würden wir ganz gut abschneiden.

Nachwort

Die Auseinandersetzung mit den jungen Menschen, die an dieser Befragung über die Situation von jungen Paaren heute teilgenommen haben, war für mich persönlich eine besondere Erfahrung. Ich bin dankbar für alle ganzen oder auch nur halb ausgedrückten Gedanken, für alle Geschichten und Ideen, für die persönlichen Hinweise und für alles, was ich erst beim zweiten oder dritten Gespräch verstanden habe.

Es war eine aufregende und gleichzeitig anregende Erfahrung, mich in so viele Schicksale einzufühlen und so viele Geschichten über Leben, Krankheit und Tod in mich aufzunehmen. Ich fand es tröstlich zu erfahren, mit welcher Kraft und welchem Mut sich Menschen auch den widrigsten Umständen des Lebens stellen. Und immer wieder saß ich da und fragte mich: Und du selber, hättest du den Mut gehabt, den »Kampf mit dem Engel« aufzunehmen, von dem du als junge Frau bei André Malraux gelesen hast?

Literaturempfehlungen

Beck, Ulrich und Beck-Gernsheim, Elisabeth, *Das ganz normale Chaos der Liebe.* Verlag Frankfurt a. M., 1993

Cardinale, Claude, *André Malraux, La Lutte avec l'Ange.* Novalis Verlag, Schaffhausen, 2006

Ehrenreich, Barbara, *Fear of Falling.* The Inner Life of the Middle Class. Pantheon, New York, 1989

Family Process, *Enhancing Resilience:* Families and Communities as Agents for Change. Judith Landau, Family Process, Volume 46, Number 3, Blackwell Publishing -September 2007, S. 351 ff

Fortune Magazine, *Why Grade A Executives get an F as Parents.* Number 1, January, 1990

Frank, Jerome, *Die Heiler.* Wirkungsweisen psychotherapeutischer Beeinflussung. Vom Schamanismus bis zu den modernen Therapien. Klett-Cotta/Greif, Stuttgart, 1992

Frank, Jerome, *Toward Whole Systems and Whole People.* Zeitschrift Organization. Vol. 1 (1): 59-64, Sage, London, 1994

E. Fivaz-Depeursinge u. A. Corboz-Warnery, *Das primäre Dreieck. Vater, Mutter und Kind aus entwicklungstheoretisch-systemischer Sicht.* Carl-Auer, Heidelberg, 2001

Gross, Peter, *Die Multioptionsgesellschaft.* Suhrkamp, Frankfurt, 1994

Gottmann, J.M., *Die 7 Geheimnisse einer glücklichen Ehe.* München (Ullstein), 2000

Halper, Janice, *Stille Verzweiflung*. Die andere Seite des erfolgreichen Mannes. Campus, München, 1989

Hochschild, Arlie & Anne Machung, *Der 48-Stunden Tag*. Wege aus dem Dilemma berufstätiger Eltern. Zolnay, Wien, 1990

Jellouschek, Hans, *Wie Partnerschaft gelingt – Spielregeln der Liebe*. Verlag Herder, Freiburg, 1998

Largo, Remo, *Kinderjahre*. Die Individualität des Kindes als erzieherische Herausforderung. Piper, München, 2007

Kriz, Jürgen, *Chaos, Angst und Ordnung*. Wie wir unsere Lebenswelt gestalten. Vandenhoeck & Ruprecht, Göttingen, 1997

Miller, Arthur, *Death of a Salesman* (dt. *Tod eines Handlungsreisenden*) (Drama, 1949) (Pulitzer Price for Drama)

Murphy, Lois B., *Coping, vulnerability, and resilience in childhood*. In G.V. Coelho, A. Hamburg a. J. E. Adams (eds): S.90, New York Basic, 1974

Oestereich, Cornelia, *Nach dem Trauma: Nichts ist mehr wie zuvor!* Wie können Traumata in die Lebenserzählung integriert werden. Zeitschrift Systeme, Jg. 19, S. 46, 2005

Reiss, David, *The family's construction of reality*. Cambridge, MA. Harvard University Press, 1981

John Rolland, *Families, Illness & Disability*, Basic Books, New York, 1994

Seligman, Martin, *Learned Optimism*. Knopf, New York (reissue edition, 1998, Free Press), 1990

Signal Zeitschrift, Migros Genossenschaftsbund, Zürich, Aktuell 9/1995

Simon, Fritz B., *Die Familie des Familienunternehmens:* Ein System zwischen Gefühl und Geschäft. Carl Auer Verlag, Heidelberg, 2004

Senge, Peter, *The Fifth Dimension*. The Art and Practice of the Learning Organization. Doubleday, New York, 1990

Sennett, Richard, *Der Flexible Mensch*. Die Kultur des neuen Kapitalismus. Berlin Verlag, Berlin,1998

von Matt, Peter, *Liebesverrat*. Die Treulosen in der Literatur. Deutscher Taschenbuch Verlag; Auflage: N.-A. (1. März 1999)

Walsh, Froma, *Strengthening Family Resilience*. The Guilford Press, New York und London, 1998

Watzlawick P. J. Weakland, R. Fisch, *Change*. Principles of Problem Formation and Resolution. Published by W. W. Norton and Co/NY in 1974.
Book Review by Bobby Matherne ©2007

Welter-Enderlin, Rosmarie, *Paare – Leidenschaft und lange Weile*. Piper, München, 1992

Welter-Enderlin, Rosmarie, *Deine Liebe ist nicht meine Liebe*. Verlag Herder, Freiburg, 1992

Welter-Enderlin, Rosmarie, *Wie aus Familiengeschichten Zukunft entsteht*. Verlag, Freiburg Herder, 1999

Welter-Enderlin, Rosmarie und Hildenbrand, Bruno, *Gefühle und Systeme*. Carl-Auer, Heidelberg, 1998

Willi, Jürg, *»Wendepunkte« im Lebenslauf*

Klett Cotta, Stuttgart, 2007

© KREUZ VERLAG
in der Verlag Herder GmbH, Freiburg im Breisgau 2010
Alle Rechte vorbehalten
www.kreuz-verlag.de

Satz: de·te·pe, Aalen
Herstellung: fgb · freiburger graphische betriebe
www.fgb.de

Gedruckt auf umweltfreundlichem, chlorfrei gebleichtem Papier
Printed in Germany

ISBN 978-3-7831-3431-5

Zwischen Versuchung und Vertrauen

Wolfgang Krüger
Das Geheimnis der Treue
Paare zwischen Versuchung
und Vertrauen
180 Seiten
Kartoniert
ISBN 978-3-7831-3413-1

„Alle grundlegenden Konflikte in einer Liebesbeziehung münden in das Thema Treue", so der Paartherapeut Wolfgang Krüger. 90 % der Bevölkerung wünschen sich Treue, aber jeder 2. geht fremd. Warum sind Menschen treu oder untreu? Und was kommt danach?

Der Autor verdeutlicht anhand zahlreicher Beispiele die Prozesse der Untreue und gibt Orientierung für den eigenen Umgang mit der Treue. Denn zwei Drittel aller Beziehungen gehen nach einem Seitensprung kaputt. Also: besser vorher lesen!

In jeder Buchhandlung oder unter
www.kreuz-verlag.de

Was Menschen bewegt

Liebensfroher Rat der Liebeskummmer-Expertin

Silvia Fauck
Die 7 Fallen der Liebe
Wie Sie vorbeugen
Geschichten und Tipps von der
Liebeskummer-Expertin

Wenn Menschen die Liebes-
kummer-Expertin Silvia Fauck
aufsuchen, ist es oft bereits zu
spät: Die Liebe ist zerbro-
chen, das Leid ist groß und
guter Rat teuer. In ihrem
neuen Buch geht Silvia Fauck
deshalb einen Schritt zurück:
Sie zeigt auf, wo sich die häu-
figsten Liebeskummer-Fallen
verbergen. Zu jeder erzählt
die Autorin zwei Geschichten,
die sie in ihrer Praxis erlebt
hat und die zeigen, wo höch-
ste Aufmerksamkeit der Liebenden geboten ist. Anschließend gibt sie Hinweise, wie
Paare auch gemeinsam vor-
beugen können.

Silvia Fauck
Die 7 Fallen der Liebe
Wie Sie vorbeugen.
Geschichten und Tipps
von der Liebeskummerexpertin
160 Seiten | Kartoniert
ISBN 978-3-451-06185-1

In jeder Buchhandlung oder unter www.herder.de

HERDER
Lesen ist Leben